Solving Behavior Problems in Autism:

解决问题行为的
视觉策略

［美］
琳达·A. 霍奇登
(Linda A. Hodgdon, M.ED.,CCC-SLP)
——— 著 ———
陈质采　龚万菁
——— 译 ———

Improving Communication with Visual Strategies

华夏出版社
HUAXIA PUBLISHING HOUSE

图书在版编目（CIP）数据

解决问题行为的视觉策略 /（美）琳达·A. 霍奇登(Linda A. Hodgdon) 著；陈质采，龚万菁译.--北京：华夏出版社，2019.10（2021.11 重印）

书名原文：Solving Behavior Problems in Autism:Improving Communication with Visual Strategies

ISBN 978-7-5080-9678-0

Ⅰ.①解… Ⅱ.①琳… ②陈… ③龚… Ⅲ.①孤独症－儿童教育－特殊教育 Ⅳ.①G766

中国版本图书馆 CIP 数据核字(2019)第 022421 号

Solving Behavior Problems in Autism: Improving Communication with Visual Strategies by Linda A. Hodgdon
English Edition Copyright © 1999 by QuirkRoberts Publishing

本著作中文简体版由成都天鸢文化传播有限公司代理，经心理出版社股份有限公司授予华夏出版社独家发行，非经书面同意，不得以任何形式，任意重制转载。本著作限于中国大陆地区发行。

Cover illustrations by the Picture Communication Symbols © 1981-2016 by Mayer-Johnson LLC are used under contractual agreement.

©华夏出版社　未经许可，不得以任何方式使用本书全部及任何部分内容，违者必究。All rights reserved.

北京市版权局著作权合同登记号：图字 01-2016-4397 号

解决问题行为的视觉策略

作　　者	［美］琳达·A. 霍奇登
译　　者	陈质采　龚万菁
责任编辑	薛永洁
出版发行	华夏出版社有限公司
经　　销	新华书店
印　　装	三河市少明印务有限公司
版　　次	2019 年 10 月北京第 1 版　2021 年 11 月北京第 2 次印刷
开　　本	720×1030　1/16 开
印　　张	15.75
字　　数	180 千字
定　　价	68.00 元

华夏出版社有限公司　地址：北京市东直门外香河园北里 4 号　邮编：100028
网址：www.hxph.com.cn　电话：(010) 64663331（转）

若发现本版图书有印装质量问题，请与我社营销中心联系调换。

献给
卡丽（Carrie）、约尔丹（Jordan）、凯莱布（Caleb）
和教给我许多行为知识的"Q"

……侧耳听智慧，专心求聪明……

　　箴言 2:2

……能使愚人有智慧……

　　诗篇 17:7

目录
Contents

译者序 ·· 1
前　言 ·· 3

第一篇　行为、沟通与视觉策略的关联 ························· 1

第一章　什么是我们所知道的行为？················· 3
什么是我们所知道的儿童发展？························· 4
在典型发展中，哪些是发展里程碑，哪些是问题行为？······· 5
特殊需要学生有哪些不同？····························· 7
什么是问题行为？··································· 10
确认问题行为的变量有哪些？·························· 14
为什么会出现问题行为？····························· 18
问题行为常见的原因有哪些？·························· 20
行为管理 101 ······································ 33
孤独症学生的行为干预少了什么？······················ 37

第二章　了解沟通···························· 39
早年的沟通技能如何发展？···························· 40
什么是沟通问题？··································· 46
沟通问题如何影响行为？····························· 56

第三章　什么是视觉策略？······················· 59
实际的基本要求···································· 62

第二篇 评估考虑 … 65

第四章 评估行为情境 … 67
评估的工具 … 68
评估行为情境 … 70

第三篇 改善沟通 … 83

第五章 成为更好沟通伙伴的十大秘诀 … 85
第六章 教授七大关键的沟通技能 … 93

第四篇 运用视觉策略辅助沟通与解决问题行为 … 99

第七章 促进理解的视觉工具 … 101
时间表与日历 … 103
用来提供生活信息的工具 … 108

第八章 协助学生掌控环境的策略 … 119
选择和要求 … 122
教授抗议和拒绝的技能 … 134
教授协商的语言 … 146

第九章 用视觉工具调整行为 … 149
表达"不" … 150
建立规则与行为指引 … 154

第十章 用视觉工具提升语言技能 … 171
促进刚出现的语言技能的发展 … 172
选择要教授的词语 … 174
更多关于如何选择词语的建议 … 175
教沟通,不只是说话 … 178

沟通感觉 ··· 181
　第十一章　辅助自我管理的工具 ··· 189
　　教授自律的技能 ·· 189

第五篇　运用视觉工具与支持 ·· 201
　第十二章　开发视觉工具 ··· 203
　　如何使用视觉支持促进沟通？ ·· 205
　第十三章　说明特别需求 ··· 207

第六篇　问题与考虑 ·· 213
　第十四章　当事与愿违时，怎么办？ ································· 215
　　冷静技能 ··· 216
　第十五章　行为管理失败的常见原因 ································· 223
　第十六章　常见问题 ·· 227

第七篇　结　论 ·· 231
　第十七章　教养与教导成功的学生 ···································· 233

参考资料 ·· 235

译者序

沟通，让问题看得见

本书是言语病理学家琳达·A. 霍奇登（Linda A. Hodgdon）继《促进沟通技能的视觉策略》一书后，认识到孤独症及其他障碍学生的沟通需求后，针对这类孩子的问题行为而作的。

孤独症，就儿童青少年精神医学的临床症状而言，存在显著的口语和非口语沟通困难、社会交往困难，行为模式与兴趣固定、有限，难以进行象征性或想象性游戏等。台湾地区的宋维村教授等学者曾指出，孤独症儿童在沟通互动上有共同注意（joint attention）的缺陷。

这些学生难以有效表达自己，也很难了解他人的想法、思考发生或没发生的事、应对变化以及解读线索和环境中的信号。不论是口语或非口语，他们所使用的策略无法满足需求，难以有效地与他人互动。这使得不当的行为反而比其他的沟通形式更有效。因此，了解为何发生沟通问题及在哪里出问题，是成功解决问题行为的关键。

曾经，一位五岁孤独症男孩的妈妈告诉我，有一次，孩子从厕所出来时忘了冲水，经班主任指正后，有些困窘；后又被另一位老师误会对班主任不礼貌，备感委屈，而放声大哭，情绪几近失控，甚至第二天还不愿去上学。如果这孩子有比较好的沟通技巧，情况可能不至于发展到如此地步。

沟通涉及一系列复杂技巧，最终产生有效的行为和互动，而不只是说话。事实上，这孩子可以清楚地告诉我红豆是一种可以煮成汤的东西，却完全无法应对生活中的事件。如果他可以以更多元的方式来沟通与协商问题，如以手势、肢体动作、口语示意班主任："对不起，我现在就去冲水。"或者示意老师："我不是这个意思。"就可能不会陷入这样的情绪中。

对孤独症及许多其他障碍的学生而言，沟通困难是许多问题行为的主要原因，他们需要特殊指导来调整行为，或在情境中演练，以更有效地满足需求。协助孩子学习如何沟通，是解决问题的重要过程。孩子越能解决问题，他所积压的情绪就越少，也就越能自由地学习。

这本书提供的不是唯一有效的策略或办法，但其实事求是的态度，不仅适用于孤独症学生，也适用于所有存在沟通困难的孩子。我非常喜欢作者的教育理念与精神。她能谦虚地站在孩子的立场，观察到个别学习的差异，了解孩子的学习与自己不同；她以孩子，而不是以自己所创立的策略或方案为主体。看见了问题，就可以了解孩子的困境，从而拟订解决方案；了解孩子如何学，就可以让沟通互动更有效。如何更多元开发及利用这些孩子所拥有的优势，增强他们的适应能力，靠的是大家的理解。

希望这本书只是开始，期盼这些概念可以发挥抛砖引玉的效果，引发更多的共鸣，进而找到符合孩子能力的解决方法。希望通过这本书可以拓宽从事儿童工作专业伙伴的视野。唯有当教育者找到通往学习之钥，才能通过合适的策略，带给孩子明日的希望。

陈贺华 谨识

2006年4月26日

前　言

《促进沟通技能的视觉策略》(*Visual Strategies for Improving Communication: Practical Supports for School and Home*)一书出版时，受到许多专家与家长们的热忱欢迎。该书清楚地介绍了一种简单且能有效与孤独症及其他中重度沟通障碍学生沟通的视觉支持方法。该书指出，学生有不同的学习风格，许多都是视觉学习型，他们在理解事物的能力上，视觉远比听觉更好。而以往的社会互动与教育指导却更多依赖听觉口语沟通，可见，这样的观察结果意义之重大。《促进沟通技能的视觉策略》提出一套了解这些学生如何理解与沟通的架构。这套方法为人们提供相当丰富的策略，强调使用视觉工具来辅助沟通互动与教学指导。

虽然《促进沟通技能的视觉策略》的原始大纲包含一章关于问题行为的解决方案，然而很明显，问题行为需要更深入的讨论，而不只是套用该书的方案。本书作者不想创造视觉策略是一种应急解决方法的假象，如同创可贴"治愈"伤口一样。虽然有时候视觉工具的确能犹如"魔法按键"般解决问题或防止灾难，但更多时候，视觉工具可以起到防止问题发生并促使学生成功参与的作用。

持续执行行为管理策略的危险在于只是关注问题行为的表象，而忽略去了解其本质。流于表面的干预可能只是针对单一事件形成的连续反应模式，而不是发展一套长期的计划或方法，这正是本书所要讨论的重点。

坊间有许多指导与教育儿童的方法，其成效有满意与成功，也有挫折与失败。处理任何学生的行为都需要洞察力、敏锐的观察、耐心和很多的智慧。其中，有沟通或学习障碍的学生，经常带来更多挑战。有些适用于其他学生的策略，也能成功地运用于我们的目标群体。然而，因为特殊需要儿童的学习方式可能与普通儿童有所不同，所以教学与处理行为的技巧往往需要调整。

本书并非试图提供一种可以"治愈"所有问题行为的方法，而是帮助人们找到与沟通、理解、表达及其他学习技能（如集中注意力或获得记忆力）等相关的各类行为情境和问题行为。一旦确认了情境，就可以使用各种策略。这些技能为促进学生积极参与提供了必要支持。考虑到目标群体的学习形式，利用视觉策略解决问题行为是很自然的选择。

这就是行为—沟通—视觉策略。

· 行为出现问题的原因经常与沟通困难相关（理解和/或表达的困难）。

· 促进沟通可以改善行为。

· 视觉策略是用来辅助沟通的方法。

视觉支持沟通（visually supported communication）或视觉沟通（visually mediated communication）策略的发展，将逐步形成改善这些学生沟通的重要资源。行为的进步往往直接与沟通的改善有关，特别是理解能力。沟通既是问题本身不可缺少的一部分，也是解决方案中的必要条件。

《解决问题行为的视觉策略》将从我们所知行为的简短讨论开始。这样一来，作者与读者将有共同的起点。我们无意尝试在这一主题上钻研深奥的知识，那会占据版面，但我们会建立简单的架构，以成功地探索行为—沟通—视觉策略的内在关联性。

什么是问题行为？造成问题行为的原因有哪些？从历史来看，行为管理已有各式各样宣称已取得不同程度成功的方法。简要总结长久以来的努力，有助于明了视觉策略的必要性。

接下来要探讨沟通。沟通不只是"说话"而已，许多行为管理方案忽略这部分，把焦点放在改变行为上，也就是把目标变成消除行为，而忽略了学生的"沟通需求"。假使能考虑到学生的沟通能力，焦点自然而然就会落在"学生自我表达怎么样？""他会说吗？""有扩大性沟通系统吗？"这些问题上。虽然表达是关键性的技巧，但或许只是整个大图像的一小部分。沟通的复杂程度超乎一般人的想象，有太多细节需要深入了解。如果没有考虑学生的沟通能力，即使给学生提供的方案符合逻辑且结构稳定，也无法达到最大效益。深入了解沟通过程，有助于读者从不同的角度反思行为。这部分讨论的目的是在行为—沟通—视觉策略架构上增加更多内容。

若没有强调使用视觉策略来促进沟通，则任何沟通的讨论都算不上完整，这是我们架构中的第三重要因素。了解视觉策略对沟通和行为产生的巨大影响，这很重要。本书是在《促进沟通技能的视觉策略》一书的基础上写成的。如果你尚未阅读那本书，你仍可从本书中获益。如果你已经读过那本书，不但可更深入了解，也能更清楚工具与策略，让学生的表现有所不同。

本书的资料是作者集结多年来与学生一起工作的经验而成，这些学生被诊断为孤独症、广泛性发育障碍、阿斯伯格综合征、孤独症谱系障碍、情绪障碍、学习障碍、注意力缺陷障碍、重度多重障碍、认知障碍及其他等。当为孤独症学生制订方案时，往往会有重大发现。这些学生往往会出现非常严重的问题行为及沟通障碍，社交技能也有限。他们的行为与原因之间的关系非常混乱。与这些最具挑战性的学生工作所总结出的行为—沟通—视觉策略，让我们深刻认识到应将所有特殊需要学生列入设计方案。当我们设计的策略能够成功地为孤独症谱系障碍学生服务时，我们也可以将其中的许多技巧运用于有沟通需求的学生身上，并且应根据学生的个体特点做出调整。与其把焦点放在诊断上，不如确认学生的个别需求，运用本书所提供的资料，帮助学生达到更高层次的成功。

一旦行为—沟通—视觉策略架构建立，我们将踏上一个冒险的旅程，发现许多把书中资料运用到现实生活情境中的方法。本书其余部分则提供务实、易于理解与使用的策略。一个点子衍生另一个，当你读完时，你的工具箱里将收藏足够丰富的点子。

> 《残疾人教育法》（*The Individuals with Disability Education Act, IDEA*）规定，为特殊需要学生提供个别化方案与辅助，帮助他们成功参与学校环境。

第一篇
行为、沟通与视觉策略的关联

第一章
什么是我们所知道的行为？

就定义而言，我们做的每件事，像微笑、吃、走路和说话都可被称为"行为"。在儿童发展初期，这些行为都是被期待和鼓励的。大部分的行为是好的、可接受的与适当的。不过，谈到管理学生的"行为"时，人们所想的就和以上不一样了。当遇到下列状况时，行为变成一种问题：

· 学生并没有按照情境表现出适当的行为。
· 他们的行为表现与我们想要他们的同伴表现出的行为不相吻合。
· 关于做什么、何时做以及如何做，学生无法按照我们想要的来做。

大多数行为管理方案都是从分析特定问题行为所在的情境开始。虽然这个步骤很重要，但这次的讨论将采取不同的方法。发展一套体系来了解问题行为时，可从观察普通儿童的"典型"发展过程开始，把焦点放在典型的发展特点上，这些参考点将有助于评估问题行为发生的情境。

> 由于每位孩子都不一样，所以我们所认为的正常或典型行为的范围很大。

▶ 什么是我们所知道的儿童发展？

好！我并不期待你从这里开始。大多数儿童会出现什么呢？对于"典型发展"，你的观点又是什么？

婴儿天生可爱（至少他们的父母如此认为），但是对他们的行为举止该有怎样的期待，我们却相当无知。毫无疑问，从一开始婴儿之间就有差异，他们从一开始就不一样。有些一出生就带有顺从的气质，有些却总是在尖叫与叛逆，此后，每位婴幼儿的发展过程更是独一无二的。儿童如何发展与学习和许多变量有直接关系，包括成长环境的期待与要求，以及主要照顾者的教养方式。关键是每位孩子都不一样。

假如每位孩子都不同，我们应该了解些什么？

儿童成长的 20 年或更多年里，他需要学习无数事物，让自己成为被接纳、被尊重、社会化及被喜爱的人。我们的目标是养育一位具有创造性、让人们乐于与之相处的人。当你客观地去评估认识的成人时，你会很快地了解到"成功"的范围有多广。儿童将成为什么样的人以及家长和老师们想教出什么样的儿童，受很多变量影响，以至于不知从何开始分析。对每位家长和老师而言，最大的挑战之一莫过于发掘儿童的人格特质与爱好，然后发展出一套从儿童期至成人期都有效的教导方式。

这个开端听上去有些复杂，你会从这去往哪个方向？

若考虑到所有变量，所谓"典型"发展就无法简单定义。尽管可能让人感到更加困惑，有些问题不得不考虑。每位孩子都有其独特的学习方式：有些是视觉型、听觉型或触觉型，有些则需要加入一些肢体活动。他们的学习速度也不同。有的儿童需要严厉且一致的纪律要求，而他的玩伴或许只需要父母"瞪"一下，就再不敢做出不适当的行为了。

父母或老师该如何将这些理出头绪呢？

这深具挑战。尽管感觉有些复杂，但仍可以简化为整体概念。尽管学习方式不同，大多数儿童仍遵循一些典型且可预期的模式和顺序发展。从幼儿跨出第一步学习走路到青少年想尽办法要到汽车的钥匙，许多发展里程碑都发生在完全可预测的年龄点。这里有一些需要考虑的问题。

▶ 在典型发展中，哪些是发展里程碑，哪些是问题行为？

成长和成熟的一个表现是跨越儿童期的发展里程碑。有些发展障碍的书籍在书店或图书馆被归类到"如何教养"的书架上。从完全依赖父母发展到具备足够多技能的独立成人，这个过程其实非常坎坷。教养目标是循序渐进地培养学生独立与自主的技能。一般而言，儿童在学习自律、自我控制以及做决定的技能时期，会出现许多问题行为。

不同发展阶段的典型挑战

睡眠问题：遵守就寝程序、上床、睡觉、熟睡及半夜醒来，都是常见的儿童期挑战。

进食挑战：许多儿童对特定食物有所偏好或厌恶，包括摄取量是否足够、有没有营养、用餐时机及进餐时间的拉锯战，都是典型的挑战。

可怕的两岁：儿童开始学习沟通的力量，他们不只将其视为社交娱乐，同时意识到自己可以利用沟通，影响外在环境与控制自己的命运。

如厕训练：对有些儿童来说，这不是问题，但对另一些儿童而言则是一项大工程。家长与老师非常关注学生对这项发展里程碑的掌握。

责任感养成：保管好个人物品、遵守家庭或学校的规则与作息、培养履行任务的可信任度与责任感，是成长过程中所有领域的挑战。

社交技能：发展与同伴玩耍、分享、轮流、尊敬他人及为了"归属"社会环境需要参与各种社交常规的技能，这都是需要学习的重要技能。

自我控制：当经历受伤、害怕、愤怒与爱等不同类型的情绪时，能利用适当的方法自我管理，这也是最难掌握的技能之一。

身体与性的发展：了解身体的改变、适应荷尔蒙的变化，以及在相关的社会挑战中掌控自己，在这些过程中衍生出一系列独特的问题。

做决定：有能力做出可接受的选择和决定，与智力、道德、心灵启发及文化因素息息相关。学生的家庭与所处的社会环境，将大大地影响他们对成功的界定。

独立性养成：青少年是最具挑战的时期，因为学生对于适当的行为与可接受的自主性的认知，常常直接抵触父母与老师的信念。这种冲突还会影响其他领域，例如自我控制、社交技能和责任感。

学业成就：每一阶段的发展过程，父母与老师都希望学生能习得多种学业技能，为他们自主的成年期做准备。传统的阅读、写作和算术能力从小就可以表现出来。为了强化这些学业能力，人们无休止地加入那些自认为重要、学生必须掌握的其他领域的技能及知识。有些学生很热爱学习，然而有些学生对学习则不感兴趣，且学起来很费力。

在发展的旅程中，学生从完全依赖他人到获得独立的能力，从毫无意图掌控环境到熟练获取他们需要，他们习得了顺应各种社会情境的技能，学会不同环境认可的沟通方式和行为。明白什么不该说或不该做，这是学习曲线中的关键部分，他们会发现哪种技能可以最有效地达成目的。这个过程需要大量的学习以及大量的技能。

▶ 特殊需要学生有哪些不同？

但是，特殊需要孩子是不同的，你如何知道要期待些什么呢？

学习障碍、发展性障碍的学生，也同样会面临典型的发展挑战。然而，他们与普通儿童主要的不同可能在于学习的曲线和时间表。当我们将焦点放在特殊需要儿童身上时，应考虑下列几点：

> 如同普通孩子，特殊需要学生也经常出现新行为，好的与坏的都有。

- 他们的发展相较于同龄的普通儿童，二者的相似之处多于不同之处。
- 他们与其他儿童的发展顺序相同，但是速度不同。
- 他们在各个发展阶段的节点与其心理年龄比较符合，而非生理年龄。
- 某些发展阶段则可能更符合生理年龄。
- 他们可能需要花费更多的时间学习适合的行为或掌握技能。
- 他们的学习技巧可能不一致，或是出现不均衡的发展。
- 可能会发现他们缺少某些发展阶段、技能，或发展出不在某些阶段内的技能。
- 他们学习或调整行为所需要的指示与同龄的普通儿童不同。

- 因为障碍的特点及学习方式不同，这些学生达到发展里程碑或学习特定技能的方式，与其他学生不同。
- 可能会停滞在早期发展阶段，没有发展到更成熟的行为阶段。
- 因为特殊的认知与学习障碍，他们可能永远无法掌握某些技能。

> 我们需要不断地探索，了解学生的障碍是如何影响其能力的。

那么，在学生发展与成熟的过程中，父母或老师该扮演什么角色？

父母与老师的角色是教导学生那些必须学习的内容，以使其成功地度过发展阶段，进入自主的成年期。抚养和教育任何儿童都需要技能。当你教导的学生有某些障碍或特殊需要时，教育工作就会变得更加复杂。

什么因素使得抚养和教育特殊需要儿童，与其他学生如此不同？

因为对孩子的期待总是不断地遭遇挑战，所以我们常常不知道还能期待些什么。我们需要不断地探索，了解学生的障碍是如何影响其能力的。

特殊需要学生与普通学生一样，需要引导、训练与纠正。优秀的父母和老师能根据学生的具体情况，运用不同的教育方式，实现相应的期待。这对所有的学生来说，都是重要的，尤其是对有特殊需要的学生。如何与何时调整你的策略与期待要靠敏锐的洞察力。本书的目的是为这个教育目标提供更进一步的支持。

如何把行为管理放进这样的讨论？

在抚养和教育学生的过程中，会不可避免地遭遇一些问题。学生没有按照我们的期望做，甚至做出明显不适合或无法让人接受的事。问题是：什么会被认为是问题行为？如何应对这些问题行为还受许多变量的影响。

- 某一个人认为是严重的问题，但另一个人甚至没注意到。
- 在家里或在学校里出现的不当行为，在其他的场合可能不构成问题。
- 对学生行为的期待根据环境不同而有所改变。
- 在熟悉的环境中容易被管理的行为，在新环境中可能有困难。
- 人们对行为的许多态度与意见不一，包括对某种行为是否有问题的考虑。
- 其他许许多多的变量……

你是如何开始对所看到的行为进行分类以决定应对方式的？

对儿童表现出的典型发展有了一定的观察后，就会清楚可接受的行为范围有多大。此外，也可以清楚地推断学生没有表现出预期行为的原因。特殊需要儿童的成长会面临许多与同伴相同的挑战和发展阶段。然而，因为学习方式、沟通需求不同，以及其他特定障碍所产生的个别缺陷，他们需要克服一些额外的挑战。

这就是说，有特殊需要的学生必须学得比同龄的普通儿童还多？

是的，他们有更多的内容需要学习，除了要吃力地面对与同伴相同的挑战，还有很多其他障碍需要克服。障碍或特殊需要使他们更难去完成同伴会做的事。学习同伴正在学的事物，对他们来说更难，他们得面对非常巨大的挑战。

我开始感觉要崩溃了，要从哪里开始着手？

首先，我们要探索各种问题行为发生的原因。找出问题行为的成因或缘由后，找到应对方法也就水到渠成了。

▶ 什么是问题行为？

- 两岁的比利爬到妈妈的腿上，舔她的脸颊，给她一个亲吻。
- 二十岁、230斤重的比尔坐在妈妈的腿上，舔她的脸颊，给她一个亲吻。
- 三岁的洁茜卡要拿一杯牛奶但没拿好，玻璃杯掉下来，牛奶洒满了桌子和地毯。
- 八岁的杰丝双手交叉坐着，当被告知晚餐不能喝可乐时，她双手一伸，推开杯子，将牛奶泼了出来。
- 六岁的达明不喜欢坐在餐桌边吃晚餐，他晃到厨房，拿起食物，边吃边在家里晃来晃去。
- 五岁的达拉只吃薯条与布丁，他不愿意吃其他食物。
- 四岁的克里斯蒂试着帮妈妈清理餐桌，她把玻璃杯弄掉到水槽里，摔成了碎片。
- 九岁的克里斯喜欢用汤匙敲击玻璃杯来制造噪声。
- 两岁的贾斯廷总是把鞋子和袜子脱掉，赤脚跑来跑去。
- 十八岁的贾斯廷总是把鞋子和袜子脱掉，赤脚走来走去。
- 十岁的肖恩咬了旁边正在哭泣的女孩。
- 女孩哭了起来，因为她知道这会让肖恩发狂。
- 七岁的柯尔斯滕每次去超市总是会哭闹、发脾气，直到有人给她拿冰凉的饮料，才会安静下来。

- 每当十四岁的本尼到超市,他总是用手捂住耳朵尖叫。
- 三岁的米基的裤子掉到脚踝,没穿好就跑出厕所。
- 十三岁的迈克的裤子掉到脚踝,没穿好就跑出厕所。
- 六岁的丹尼生气时会扔玩具。
- 十六岁的丹生气时会摔椅子。

这些是问题行为吗?大多数人是这样认为的。

有些行为是不是糟透了?大概是吧!

有与年龄相符的行为吗?可能有。

这些行为能被改变或纠正吗?在大多数的情况下,是可以的。

抚养、教导儿童以及帮助他们为成年期做准备的内容之一就是利用无数机会,教导他们学习新的技能或调整行为。成长和学习是一种过程,教导技能和改变行为是这种过程的一部分,学生之所以不按照我们的要求来做,其原因是无穷无尽的。

这就是说,所有的行为都不是问题行为吗?

儿童做的每件事都是行为。有些行为是有目的的,能适当地满足他的需求和适应他所参与的生活情境;有些行为则是儿童在特定时间点所能利用的所有策略,以让自己的需求得到满足,因为他尚未学到其他的行为策略。当儿童渐渐地长大与成熟,他们会不断地学习如何调整行为,以便更有效地满足其需求,这种学习大多是自然发生的。然而,有时他们需要特殊的指导来调整行为,以符合成人的标准。是的,所有的行为都不是问题,所有的行为也都不坏。

既然如此，且本书的主题是探索孤独症人士问题行为的解决方案，那么，什么是你所谓的问题行为？

为了与本书的主题相契合，我们将使用广泛的定义。

> 问题行为：
> 当一位学生没有做我要求他/她去做的行为

或

> 问题行为：
> 当一个学生正在做我没有要求他/她去做的行为

有些读者想要一个更明确的表述，可以参考下列这些经常令人担心的情形：

- 学生的行为给自己或他人造成伤害。
- 学生的行为让他无法有效地参与日常生活。
- 学生的行为是不适当或无效的沟通方式。
- 学生正表现出与其年龄、能力、地点、事件或活动不符的行为。
- 学生的行为不符合某些特定场合或情境的规则、常规或期待。
- 学生没有运用适当技能或无法有效地参与行动或互动。
- 学生无法以其年龄或能力应有的独立水平完成生活常规。
- 学生会做能够引起注意的任何事，从而使他与同伴差异明显。
- 学生会做能让父母与老师"抓狂"的所有事。

符合这个定义的行为，跨度很大。想象这个跨度的两端：一端是令人讨厌的习惯，而另一端则是会造成自伤或伤人的破坏性行为。两端之间是连续的。

> 令人讨厌的习惯
> 我想要改变的行为
> 真的很令人讨厌的行为
> 造成问题的行为
> 造成重大问题的行为
> 我再也无法忍受的行为
> 妨碍生活常规的行为
> 妨碍学习的行为
> **造成伤害或破坏的行为**

现在，参照这个跨度，将下列行为进行归类。

- 甩绳子
- 发牢骚
- 挖鼻孔
- 尿裤子
- 涂抹大便
- 脱掉鞋子
- 脱掉上衣
- 脱掉所有衣服
- 吃橡皮擦
- 咬别人的手臂
- 吃太快
- 吃太多
- 不吃
- 吐口水
- 踢
- 说"嗨"
- 说五十次"嗨"
- 扔食物
- 因你无法理解他的需要而哭

- 半夜起床
- 跑到街上去
- 爬围墙
- 摸走廊的墙壁
- 注视风扇
- 寻找房屋里的所有风扇
- 注视某人
- 不注视某人
- 拆家具
- 拉下裤子
- 裤子还没提上，就离开厕所
- 用手指戳你的眼睛
- 摸摄影机的按钮
- 重复问同一个问题
- 对其他学生说些让他们抓狂的事
- 重复你的话而非回答你的问题
- 哭泣
- 躲在角落里
- 在商店里发脾气

这份清单只是一小部分。你还能想到不在上述清单上的其他问题行为吗？写下来，以便稍后再作参考。

> 这些行为既可能是大问题，也可能是小问题，视当时的情境而定。甩绳子可能只是令人讨厌的固着行为，但如果学生把绳子装进工具箱里，但又为了拉出绳子而毁坏箱子，就会成为大问题。如果这根绳子是从其他学生的鞋子、外套或运动裤上拉下来的，那就是严重的社交问题。

清单上的有些行为，对我来说似乎不是问题。

很好的观点！当我们界定问题行为时，有很多变量。与人的行为打交道不同于精确的科学。别忘了，每个人都不一样，他们会把这些差异带到所有的情境中。我们认定的某一种儿童或成人的问题行为，在其他的情境下也许是可接受的。让我们想一想哪些变量决定了某一行为属于问题行为。

▶ 确认问题行为的变量有哪些？

什么时候某一行为会成为问题？这个答案会变吗？对于不同的人或情境有不同的标准吗？

哪些是我们认为的问题行为，这是由许多变量决定的。这个学生是谁，这个成人是谁，以及他们所处的环境，这些因素都对某一特定行为是否可接受产生影响。有许多变量都在影响问题的界定。想想这些因素是如何影响我们做出判断的。

••• 学生 •••

对不同的学生而言，有哪些行为应被认为是可接受的，对于这一点，我们的判断标准时常不一样。

· **年龄**：某些在幼儿期期望出现的或可接受的行为，随着学生年龄的增长而变得令人

这是问题行为吗？
变量：

学生
- 年龄
- 能力
- 沟通技巧
- 社交技巧
- 教育程度
- 人格特质
- 特殊需求

我（老师或家长）
- 童年经验
- 教育
- 宗教哲学
- 学校政策
- 个人控制的议题
- 同事或家人的支持
- 期望
- 与学生的关系
- 生活经验
- 常识

环境
- 家庭
- 学校
- 社区
  - 用餐
  - 购物
  - 休闲娱乐
  - 旅游
  - 工作等

教育期望
- 课程
- 教育目标
- 同伴团体

无法忍受。
- **能力**：学生的表现是与他们的能力水平相符的。行为通常符合其认知或心理年龄，而非生理年龄。期待学生表现得像同伴一样可能不切实际，特别是对于有严重认知障碍的学生。当然，这不是在鼓励接受这些不成熟或不适当的行为。这句话的意思是，对学生的期待要重点考虑学生的能力。
- **沟通技能**：当评估行为情境时，沟通是否存在障碍通常是被忽略的变量。沟通能力往往是查明问题原因及制订解决策略时需要考虑的重要因素。
- **社交技能**：学生如何理解并解释社交互动和社会性信息，会显著地影响他们如何管理自己的行为。
- **教育程度**：学生的受教育程度将影响他们如何理解别人的期待。
- **人格特质**：除了特殊需要或障碍外，每位学生都有独特的人格特质。
- **特殊需要**：每位学生都不同，都有自身独特的需求。有些行为受到医学限制或情绪、身体、智力障碍的影响，有些行为则受到认知或感官差异的影响。所以查明哪些独特的需求影响了他的行为，以及哪些特殊需要并不需要我们改变对他的期待，这也是一大挑战。

••• 家长或老师 •••

每位家长或老师都是基于自身的生活经验去了解学生的，过去的经验决定了他们的接受度、忍受力、判断标准及对学生的期待。以下是一些相关的因素：
- **童年经验**："我还是小孩时，这是我父母做的事……"
- **教育**：受教育的程度与内容大大地影响我们抚养与

教导儿童的观念。
- **宗教哲学**：它通常对人们的观点、期待和处理难题的方式产生指引作用。
- **学校政策**：成人如何接受或拒绝所建立的规则与结构，影响其如何管理学生。而学校政策如何支持有特殊需要的学生，也影响成人如何管理学生。
- **个人控制的议题**：成人在这个变量上的取向很分散。有些人总是想要当"上司"，他们需要一切尽在"掌控之中"，有些人则信奉自由；有些人害怕执行纪律，有些人则不知该如何使用纪律。成人面临的挑战在于难以确定需要给学生多少支持，以及如何或何时给学生释放自主空间。
- **他人的支持**：从同事、家人或友人那里获得多少支持，这也会对人们如何应对问题行为产生显著影响。
- **期望**：对普通学生的期望，影响了我们对特殊需要学生的期望的准确性。对个别学生的障碍本质及影响的了解程度，决定了我们能否成功地指导该学生。
- **与学生的关系**：我们对学生了解到什么程度、对学生的特殊需要了解得有多彻底、我们有多喜欢这个学生，都将影响我们如何管理他。
- **生活经验**：即处理困难或挑战的生活经验。有些成人有较好的韧性或更能顺应潮流。反应敏捷、适应性强以及能提出富有创意的想法，这些能力使他们更易于被接纳。
- **常识**：我们都是根据过去的经验来应对挑战或意外的情境的。常识引导我们做决定。当然，我们知道不是所有的人都有相同的常识。

••• 环境 •••

- **环境的考虑**：安全性、噪声幅度、活动量、他人、空间安排以及其他因素，都影响我们对问题行为的判定。
- **场所中他人的期待**：每个场所都有不成文的行为规范，不同环境的容忍程度也不同。例如，运动场或购物广场比教堂能容忍更多行为，健身房或走廊的规范也不同于图书馆。

••• 教育期望 •••

- **同伴团体**：学生的同伴团体及我们对那些同伴的期望，将影响我们如何看待学生所做的事。
- **课程与教育目标**：教育课程能在多大程度上满足学生的需求、适应学生的能力，将对学生的行为产生显著影响。调整目标与期望以满足学生需求，我们在这方面的意愿和能力决定了我们如何看待他们的表现。

那么，这些变量如何真正影响行为？

如何界定问题行为，以及如何解决问题行为受这些甚至更多变量的影响。某人认为严重的问题，不见得会被另外的人注意到。学生的行为在某个场合或对特定的人来说是问题，在另一个情境中却可以被接受。由于变量太多了，所以对如何应对问题行为以及要应对哪些，会有相当多不同的意见。

你如何将这些变量归类，以找出有效管理学生的方法？

首先，请记住由于变量的存在，每位参与者都未必会

用相同的方式看待某一行为情境。

学会从不同的角度看问题，使我们明白所看到的事物，必须先有一些共识。实现这一点的方式之一是更仔细地考虑问题行为的成因。

▶ 为什么会出现问题行为？

爸爸带着全家人去看马戏。亚伦微笑着跟他们下车往马戏团的方向走。进入帐篷时，亚伦开始拉爸爸的手臂，大叫："吃！吃！"爸爸告诉亚伦午餐时间还未到。他还试着告诉亚伦马戏表演快要开始了,他们需要找到座位。亚伦却硬拉着爸爸的手臂,一屁股坐在地上,他的踢打与喊叫声在喧闹的马戏团环境中依然听得见。爸爸也开始对亚伦吼叫,让他停止该行为。爸爸试着抱住亚伦。但过了一会儿,他不知道能再做些什么,所以只好把亚伦带回车上等其他家人。

亚伦只闯了一个祸,他就是"坏孩子"了吗?不全然如此。问题是:"为何亚伦有这问题?"除非我们知道问题的原因,不然要了解如何避免或处理类似的问题是非常棘手的。下列是一些可能的原因:

- 去马戏团并非常规活动,他不知道如何去处理新情境。
- 去马戏团让亚伦非常兴奋,以致情绪高涨到无法控制的程度。
- 亚伦不知道到马戏团要期待什么,所以当他看到奇怪或不同的事物时,感到害怕。
- 马戏团让亚伦想起了几个月前在游乐园发生的事情。
- 马戏团的环境太吵或味道太重。也可能是天气太热或闪光灯使亚伦感到烦躁。
- 当亚伦大叫"吃!吃!"时,他可能已经饿了。
- 亚伦大叫"吃!吃!",可能是因为他看到了卖爆米花的摊子。
- 大叫"吃!吃!"可能是他一直以来表达胃痛的一种方式。
- 亚伦可能试着要表达真正困扰他的问题,但"吃!吃!"是他唯一会说的话,他无法用口语告诉爸爸真正的问题。
- 当亚伦表达他的问题时,他的行为只会更严重。他不知道如何停止且冷静下来。

> 尝试解决问题行为最关键的步骤是,确定为何问题行为会出现。

对于亚伦的问题,我可以想到的其他可能的原因!

除了上面列出的原因,你还能找出其他可能的原因,就更棒了。解决问题行为最关键的步骤在于,找出这些问题行为出现的原因。或许亚伦的问题行为是由某一个原因造成的,但更大的可能是多种原因交织在一起,逐步加重了亚伦的问题行为。一旦确认为何学生有此特定表现,我们就能利用这个信息来解决问题行为。

为什么问题行为会出现?

我希望我们知道这个问题的所有答案,但实际上有无数的原因我们可能永远不知道。虽然如此,仍然有许多可探知的原因。让我们讨论一下常见的一些原因类型。当然,这些讨论并不能涵盖所有可能的原因,但应该可以启发一些思考。一旦我们确定原因,就可以用这些信息来解决问题。

▶ 问题行为常见的原因有哪些?

这学生是谁?

有些问题行为形成的原因还包括这个学生是谁。他是独一无二的个体。基于他的个体情况,他对周遭环境的反应与其他人不一样。行为将依他/她是谁来被塑造。

★ **年龄或发展程度**

有些问题行为与发展阶段直接关联。记得我们曾提到,有特殊需要的学生会遭遇与普通学生相同的问题,只是这些挑战出现的时机可能依照他们的心理和认知的发展程度,而非生理年龄而来。

范例:12 岁的贾斯廷不断地把所有的东西放进嘴里。

因为智力严重受损，他目前的智力水平在 6 ~ 12 个月的发展阶段。把东西放进嘴里，对 6 ~ 12 个月儿童而言，是典型的行为。虽然贾斯廷的行为对作为 12 岁的男孩是不适当的，但这仍然符合他的发展程度。

范例：5 岁的斯蒂芬妮正在发展沟通的能力。她开始用另一个人的手去拿她想要的东西，学习使用一些示意动作表达要求或抗议。她现在会说"厕所"、"脆饼"与"不要"。斯蒂芬妮已经开始不断抗议，无论谁要她去做什么，她都会非常清楚地表达不要。虽然似乎斯蒂芬妮的甜美个性有所改变，但实际的状况是，她正在进入所谓的"可怕的两岁"阶段。所谓"可怕的两岁"是指幼儿处于开始学到沟通的力量，及如何有效地满足自己的要求与需要的时期。似乎，这正是斯蒂芬妮现在所发生的状况。

你可能观察到，有特殊需要的学生需要更多的时间或支持才能达到普通儿童的发展里程碑。由于问题行为清单上的某些原因，相比于其他儿童，他们更难于达到发展里程碑。因此，帮助他们度过这些困难的阶段，可能需要付出更多的精力。

问题行为的原因

这个学生是谁？
- 年龄
- 发展程度
- 障碍或特殊需要
- 兴趣
- 家庭议题
- 幼稚的不良行为
- 学习风格
- 气质
- 性格特质

学生可以做些什么？
- 沟通技巧
- 社交技巧
- 习得的行为
- 与障碍相关的技巧或缺陷
- 功能性技巧

这个学生在哪里？
- 环境
  - 物理环境
  - 功能性环境
- 他人

相关的议题
- 感觉差异
- 医疗需求

伴随着行为挑战出现的典型发展里程碑

- 睡眠。
- 饮食。
- 游戏技能。
- "可怕的两岁"。
- 如厕训练。
- 遵守规则。
- 清理房间。
- 独立自主所需的技能。
- 宵禁。
- "可怕的青春期"。
- 其他。

★ **家庭议题**

这是世代相传的！有时候，孩子表现得比我们希望的还要像我们。常常听到人们说："他的一举一动就像_____！"然后你就会在这个空白处填上家长、兄弟姐妹、祖父母或其他亲戚的名字。有些时候，孩子与家中其他成员很不一样，这让我们不知该如何处理。家庭内的行为期待与教养风格确实会造成问题行为，或者至少会强化这些问题。

造成问题行为的家庭因素

- 教养技巧。
- 家庭沟通方式。
- 不一致的管教。
- 无效的管教。
- 父母之间不一致的期待。
- 对孩子有不当的期待。
- 接受或拒绝孩子的特殊需要。
- 与多个孩子的互动。
- 家庭生活风格。
- 家庭内具备或缺少结构化。
- 家中有或没有常规。
- 不同文化的期待。
- 执着于"我的父母总是这样做（或不做）"。
- 重大家庭挑战或其他家庭成员的问题。
- 与学生似乎无任何关系的其他家庭议题。

> 别忘了！有时，孩子和大人就像"一个模子刻出来的"。他们与我们的相像程度远超过我们所意识到的，他们与我们的相像程度远高于我们所期待的。故而对于他们做出的我们个人视为挑战的事情，我们就会变得无法忍受。

学生会做什么？

学生如何处理生活上的各种状况，完全依赖于他拥有什么样的技能和哪些是他不得不做的。不是所有的学生都具备相同的处理能力。想想下列主要的领域：

★沟通和社交技能

对孤独症及其他包括从轻微到严重沟通障碍的学生而言，沟通困难是许多问题行为的主要原因。沟通涉及一系列复杂的技能，这些技能交织在一起，产生有效的行为和互动。切记！沟通不只是说话而已。

了解其他人的沟通、试着弄清楚发生或者没发生的事、应对变化与转换以及解释环境中的线索和信号，这些都是这个群体面临的困难之所在。他们显然难以有效地表达自己。不论是口语还是非口语，他们所使用的策略都无法使他们的要求与需要得到满足，无法有效地使他们与他人互动。实际上，不适当的行为可能比其他形式的沟通更有效。了解为何沟通问题存在及问题出在哪里，是探索成功解决方法的关键。

造成问题行为的沟通障碍有哪些？

理解

- 学生不了解发生了什么事，或者对他们的期待是什么。
- 他们没有准确解释所见或所闻。
- 他们错误理解或解释社会信息及他人的意图。
- 学生难以专注，造成信息遗漏或无法跟上正在进行的活动。
- 信息处理的延迟减弱了有效参与的能力。

表达

- 缺乏有效的手势、面部表情、肢体语言或沟通辅助，阻碍了信息的传达。

- 无法以适当且有效的词汇说出可理解的话，影响了清楚表达想法的能力。
- 社交互动的不当反应，造成交谈的困难。

社交或实用性的技能

- 建立、维持和转换注意力的障碍，阻碍了有效的沟通。
- 难以持续参与社交互动，减弱了适当的社交联系。
- 在社交中无法适当地轮流，导致了不当的社交互动。
- 无法辨识沟通失败，使得沟通无效。
- 当无法让自己的要求和需要得到满足时，缺乏修复沟通失败的技能，导致了挫折感。

学生需要有效地运用许多技能，来实现有效的沟通互动。问题行为的产生是因为学生不理解，他们会以自己认为合适的方式去做。

学生会使用各种方式来实现自己的意图。学生经常表现出我们所不希望看到的行为，因为这比运用其他沟通方式更能从他人那里得到回应。问题行为或不当行为往往比那些不完备的沟通方式有用多了。

> 当学生试着让自己的需求得到满足时，不当的行为可能比其他形式的沟通都好用。

> 有时，孤独症学生会用不同寻常或独特的方式理解或解释环境。或许他们所关注的焦点并不是这世界上大多数人想去关注的。他们独特的理解方式，可能不容易被解释，这就导致他们不得不以特殊或不寻常的方式来对情境做出反应。他们不是坏学生，只是无法看见你我所看见的大图像。

★学习方式的差异

学生的行为受个体的学习差异影响，个体的学习差异影响了学生在不同情境下的表现，影响了他们能学到多少和能多快学到有效技能以取代不当行为。

影响学生行为的个体差异

- 智力。
- 学习速度。
- 学习障碍。
- 易分心的程度。
- 记忆能力。
- 学习的优势和缺点。

★ 缺乏已习得技能的泛化

我们从某一经验中所习得的技能，会被储存到脑中的"数据库"里。当我们身处另一情境时，我们的大脑会从"数据库"中寻找是否有相似的技能，或者在第一情境中是否习得了可以用于处理第二情境的技能。有些身心障碍的学生，特别是孤独症学生，很难将某一情境的学习泛化到另一情境中。

★ 习得的行为

许多时候学生会出现某些特定的行为，因为这是他们学到的应对特殊情境的方式。我们可能会认为这种行为不妥当或有问题，但其实这类学生已经多次被强化使用这些行为来满足他们的要求与需要。成人以奖励方式回应学生不被期待的行为，并不罕见。一旦学生用这种方式习得行为，就很难改变。

习得的行为所造成的困扰

1. **习得性无助**：在不明了的情况下，我们教导学生依赖我们替他们做事。但有时我们常会忘记一点：如果我们替他们做了，他们就不需要学着自己做。这是真实的，不论对放着许多脏衣服不洗的大学生，还是对正在学习穿袜子的两岁幼儿都是如此。

2. **习得性依赖**：我们教孩子技能和常规的方式，使得孩子习惯于需要我们辅助（prompt）。辅助成了常规的一部分，甚至永远如此。学生可能会认为我们的辅助是一种"轮流"，从而将其整合到已习得的常规中。学生学会

家庭马戏团

"当有人给你东西时，你等他们问：'你该说什么？'然后你再说：'谢谢。'"

目前，特殊教育的重要争议之一是融合教育。这个争议的焦点在于：特殊需要学生进入普通教室，与普通同龄人一起学习，学习的效果会更好，还是某种特殊安置的干预效果会更好？这个争议的结果视学生在某一环境中可以学到多少而定。"借助潜移默化"他可以学到多少呢？特别是对孤独症学生而言，只是被安置在某一环境中是不够的。由于天生的限制，他们往往需要特别的训练来习得技能。这不是说他们不会通过模仿学习，相反，模仿是他们发展技能的方式之一，这视个别的能力而定。然而，通常出现的情况是，因为他们没有具备普通学生分辨社会情境的能力，因而也就无法分辨哪些技能值得模仿学习。他们无法区分哪些是好的模仿，哪些是不好的或会带来麻烦的模仿。常见的现象是，他们模仿其他学生所做的最容易引人注意的行为，例如，对老师谩骂或顶嘴。

的是他们先做出第一步反应，然后等得到我们的辅助后，再进行下一步。

3. **习得的行为链**：在许多方案中，我们都曾提到学生在学习上的困难。有时他们学到的是一连串的行为，即行为链。也就是某一行为逐渐升级为另一行为，另一行为又演变成其他的行为，最终造成爆发性事件。这些状况会带来巨大挑战，因为行为链一旦启动，要想通过中断或改变学生的行为，阻止行为的升级是很难实现的。

4. **习得的常规**：如果我们没有教给他们完成某个任务的常规，他们会发展出自己的常规。当他们所发展出来的常规不当或无效时，问题就产生了。常规一旦建立，很难改变。因此，在学习新事物前，最好先确定适当的常规。教学生任务和常规时，也应审慎地从长远的角度来思考与行动。这样学生才不会浪费太多宝贵的时间，就能抛弃只在小时候合适的行为，重新学习更成熟的行为。

5. **习得的反应**：学生在经历特定重大事件后，每当出现相同的事件时，他们可能会重复同样的行为或反应。尤其在面对恐惧或非常不想要的事物时，反应非常强烈。即使周遭的因素已经改变，但每当特定的事件被触发，他们仍会有强烈的反应。例如：数年前他看到一只狗，因太害怕而吓哭了，现在他只要看到狗就会哭。

6. **借助模仿来学习**：学生之间会互相模仿，他们也会模仿身边的成人。但为什么有时候他们不学习那些我们希望他们学的，而去模仿那些我们不希望他们学习的呢？换言之，为什么他们不学习好东西，反而学我们认为不好的呢？

学生身处何处？

关于学生如何处理自己的行为，其所处的环境起着很重要的作用。环境可能影响其问题解决能力，进而完全改变学生的行为。分析如下环境：

★物理环境

学生所处的每一种环境都会带来独特的挑战。适应环境中固定的要素对学生来说非常困难。学生的行为通常在不同的地方有不同的表现。不同特性的物理环境带来了不同的挑战。学生必须学习适应其所处的环境。

所处环境：造成问题行为的有代表性的影响因素

- 感觉超负荷。
- 物理空间——太大或太小。
- 物品摆设的位置。
- 诱惑物的位置。
- 谁在那里。
- 位置的安排。
- 椅子的大小。
- 视觉注意力分散物。
- 建筑的逻辑性。

★功能性环境

在不同的环境中，规则和期望也是不同的，因此对学生来说，根据环境调整行为非常困难。在学校，学生可以在某间教室里表现良好，但可能在其他教室里却完全不着调。社区里有许多事物无法给予辅助，也不能调整。问题行为的发生是由学生缺乏应对不同环境的技能所造成的。

所处环境：功能性挑战造成问题行为

- 沟通系统；沟通支持。
- 步调、困惑、结构。
- 教学风格。
- 改变和转换。
- 对行为的期待。
- 对独立自主的期待。
- 不熟悉或改变了的规则和常规。
- 学生如何能参与持续性的活动。
- 社会需求。
- 其他学生的行为。
- 其他人如何适应这个学生。
- 教学内容。
- 进行的课程如何匹配学生的能力。
- 进行的活动如何匹配学生的兴趣。
- 选择的弹性。
- 学生是否得到额外帮助。
- 学生无事可做。

★社会环境

我们将焦点放在学生不被接受的行为上，留意他／她做了哪些不适当的行为。我们便总是观察到他无法做出期待的行为。老实说，有时问题行为的确是由他人所造成的，他人做了什么或者不做什么才是真正的问题。我们方案中的学生只是单纯用知道的方式回应。或许他的回应不适当，或沟通技能不足以处理这种情境，但问题的根源在于他人。这并不是要将学生的问题行为怪罪于他人，但我们确有必要在其所处的人群中观察他。

所处环境：他人因素造成学生出现问题行为

- 对学生的沟通意向不做回应。
- 没有使用学生可以理解的方式沟通。
- 不是有效的沟通伙伴。
- 对学生的感觉需求没有适当的回应，例如，不想被触摸、需要个人空间、难以适应的噪声程度或照明强度。
- 对学生有不切实际或不当的期待。
- 故意或不经思考地将学生安置在他们无法处理的情境中。
- 嘲笑。
- 没有为学生的特殊需要做出调整。

相关的议题：

许多学生表现出问题行为是因为其他特殊需要尚未明确。即使这些需求已经明显影响他们的行为，却经常未被诊断出来或提出来。这些情况常出现在孤独症人士身上，也经常发生在其他有特殊需要的学生身上。

★感觉差异

感觉输入指身体通过感官所接受的信息。我们接收的信息来自：

- 视觉。
- 听觉。
- 触觉。
- 嗅觉。
- 味觉。
- 动作（或是我们所知的名词，例如运动知觉、本体觉或前庭觉）。

> 找出行为是由感觉需求所引起的，这项任务很艰巨。因而，与在这方面有着专业知识的作业治疗师一起工作很重要，这将有助于我们对学生的独特状况有更彻底的了解。

有特殊需要的学生普遍有感觉差异，他们对各种感觉刺激可能过度敏感（过度反应），也可能敏感不足（反应不足）。虽然感觉障碍的情况在普通人群中也存在，但孤独症学生出现这种情况明显要多。这是一个复杂的问题，因为这意味着学生的神经系统中某些东西没有正常运作。

这些学生通常通过表现出各种行为试图增加或减少感觉刺激，以获得更舒服的感觉。有些行为会持续出现或过度重复平常被认为是再普通不过的某些动作，但有些行为可能到达极端或怪异的程度了。一旦了解了学生有感觉差异或者感觉极端的状况后，你就更能理解一些行为，例如：摇晃、旋转或拍手可能是试图给大脑提供更多刺激；而双手盖住耳朵（因为太吵了）、扯掉衣服（因为穿在身上感觉奇怪）或不坐在某人旁边（因为他身上古龙水怪异的味道），却可能是他们试图减少某些情境或事物对大脑的过度刺激。

如果学生不具备以适当方式满足感觉需求的沟通技巧或自我管理技能，就可能造成困窘甚至极度崩溃的状况。

感觉需求造成的典型行为差异

- 罗恩用衬衫把自己裹得紧紧的，这让他无法用手做事。
- 戴维只吃布丁、花生奶油和面包。
- 梅格以耸着肩与歪着头的奇特模样走路。
- 杰里常常玩口水。
- 帕蒂经常用手遮住耳朵。

★ 医学需求

越来越多的人了解到，与普通人相比，有特殊需要的学生伴随医学问题的比例较高。也就是说，有些被诊断为孤独症或其他发展障碍的学生，也有其他身体问题。然而

> 在有些场合中，儿童表现出不同的行为是由视觉或听觉问题所造成。如果他无法看清楚或听清楚，就不会表现得很好。但有时这么明显的原因，还是没能被意识到。

令人惊讶的是，许多学生并没有获得彻底的医学评估。这不是说医学方式可以"治愈"孤独症，而是说学生所遭遇的困难，可能与孤独症以外的因素有关①。

与问题行为相关的典型身体状况

· 癫痫。

· 焦虑障碍。

· 情绪障碍：抑郁症／躁郁症／强迫症。

· 睡眠障碍。

· 注意力缺陷障碍／注意力缺陷多动障碍（ADD/ADHD）。

· 过敏。

· 营养问题。

· 视觉或听觉障碍。

· 牙齿问题。

· 儿童期常见疾病。

· 重复感染。

· 经前综合征（PMS）。

学生的日常行为、参与度及表现的水平，受身体状况的影响很大，想象一下当你身体不舒服或很累时的表现就知道了。医学治疗通常通过改变伴随的医疗困扰，进而改变学生的行为模式。小心一点！在这方面会有一些问题。有时医疗议题被不切实际地提出，极端的一种做法是寻找"神奇处方"，而另一个极端则是忽略可治疗的病情。记住下列想法：

· 医学干预通过控制、减少或降低同时存在的身体问题，戏剧性地改变学生的行为。

> 目前有许多探索原因及有效治疗方法的医学研究，这为ASD人士带来了希望。从理解障碍儿童，特别是孤独症儿童的医疗人员那里获得专业支持，相当重要。这些儿童由于沟通技能的不足和独特的行为模式，往往难以被评估，并且针对他们的医学需求提出的解决方案也很复杂。关于这个群体的医学研究发现的知识，将对治疗的选择产生影响。

---

① 原注：截至本书的撰写，医疗领域正在进行许多关于孤独症可能的原因与治疗方法的研究。虽然已经有了一些令人振奋的发现，但目前仍然没有通用的特定的医学治疗方法。

- 有些独特的个案经过医学检查和治疗发生了戏剧性的改变。这样的结果与学生身体或神经的特殊状况有直接的关系。由于造成学生障碍的原因很多，因此没有任何一种治疗被证实适用于所有的学生。
- 医学治疗不会"治愈"发展障碍。
- 医学需求不能取代教导学生适当技能的需求。
- 教授沟通技能和调整环境，也不能取代适当医学干预的需求。

如果学生的行为经常受医学需求影响，那么解决学生的医学需求问题，有助于改变学生的整体行为。别忘了，每位学生都不同，治疗需要开发并运用特定的个别化模式。

★不良的幼稚行为

不要忘了孩子就是孩子，有时他们做某些事只是因为：

典型的不良幼稚行为

- 探索。
- 实验。
- 检验规则。
- 反抗。
- 犯错。
- 意外。

哇！原来问题行为的发生有这么多原因！

现在你了解为何某一种行为的处理方法，并不适用于所有的情境了。

范例：马克跑来跑去的，还扯掉了自己的衣服，因为衣服后面有困扰他的标签。他缺乏沟通技能，无法告诉妈妈是什么问题。处罚或强迫他去"做他应该做的"并不能解决这个问题。事实上，这些介入可能使情况更糟。马克越来越受挫，因为原始的问题仍然持续，而当他试着解决问题时，他的实际行为问题可能却在加剧。

我们总以为能诊断出学生问题行为的原因，这其实是不切实际的想法。事实上，可能有好几个原因。花时间和力气探索学生遭遇问题的可能原因，将帮助我们形成理解框架，从而有效地促成问题行为的改变。

在讨论问题行为为何存在时，了解行为管理的历史会很有帮助；关于行为管理有很多不同的方法被使用过，并获得不同程度的成功。

▶ 行为管理 101

在行为管理（behavior management）的历史中已产生广泛且多样的方法，有许多观点都宣称，各自的方法能带来不同程度的成功与成就。看起来所有的方法都多少对某些人有用。关于哪些方法是适合的及如何界定成功已出现权威态度与意见。

> 在过去的经验中，很少有人把注意力放在评估学生理解和解释沟通的能力如何与表现出的行为相关这个方面。

在过去的经验中，行为管理曾经有几种主要的理论方法，研究的主要领域包括：

- **生理**：药物、维生素治疗、饮食。
- **心理**：心理治疗、咨询。
- **社会**：聚焦于培养社会性关系。
- **生态**：检查和改变环境或他人。
- **行为**：提供依据数据的教学结构来改变行为，如行为矫正（behavior modification）、应用行为分析（applied behavior analysis）。
- **感觉**：提供活动或改变环境，以增加或减少感觉刺激。

> 为学生提供支持和解决问题行为最成功的方案，通常是结合了几种不同的策略和方法。

- **以技能为主**：训练特定的技能，以促进功能和改善表现。
- **以沟通为基础**：训练必备的沟通技能，让需求得到满足。

每一种方法都视问题行为的原因而定。当然，没有哪一种方法可以解决所有的问题。

什么是最有效的行为管理方法？

本书的焦点不在于支持或反对哪种特定的行为方案。就如同你所看到的，任何方法都有帮助某些学生的潜力，这视问题行为的原因而定。本书所提供的思路强调培养沟通的能力，用来支持设计良好的教育或行为管理方案。使用视觉策略来增进学生的理解与表达，并将其融入与学生的大部分互动中。

我在研究，在寻找答案。这个过程确实令人困惑！你将如何挑选呢？

当你寻找所面对的行为挑战的答案时，你会觉得像在购物。各种不同的干预方法就像在给新款汽车做广告。许多方案都充满难以理解的技术性语言，令人生畏。有时人们标榜自己的选择，"我们使用的是史密斯方法"或"他们正在采用琼斯的干预方案"，听起来选择哪一个方案变成了主要的目标或最终目的。一旦选定目标，这个过程就结束了。其中，有些人成功了，有些人却屡屡受挫。很重要的是，切勿在尚未确认学生的需求及希望达成的目标之前，就盲目跟随"如今最受欢迎的疗法"之风。

为何不选择一套固定方法？这不就是需要做的吗？这不就是我们正在尝试做的吗？

管理问题行为远比这个复杂得多，我们要记住有特殊需要的学生也是人，他们是身体的某些系统无法正常运作的儿童。他们用自己可以理解的方式应对生活，使用必须使用的技能，以自认为可以达成目标的方式表现，这就是行为。有时，他们使用的行为被认为是合适且可接受的，有些时候则令人不满意，需要改变。当行为需要改变时，我们通常需要做些事来协助改变。

你让这些听起来太容易了，你是在让我感到困惑吗？

有个简单的方法来看待行为管理，早期心理学领域的先驱，花了很多时间观察动物和人类，研究行为如何发生及改变。其中的重大发现是，改变所处的环境可以导致个体行为跟着改变。

> 学生会做对他们有意义的事，他们会用能实现目标的方式来完成。

以下是一些经过修改可用于讨论的简单观察。

1. 当学生通过某种行为达到目的时，他将一再地使用这一行为。
2. 当学生尝试使用某种行为却达不到目的时，他会尝试其他的行为。
3. 如果我们想要改变学生现有的行为，需要改变某些事。改变学生行为的方式是创造改变，可以：
   - 改变呈现给学生的事物。
   - 调整引起学生反应的东西。
   - 调整对学生的期待。
   - 教给学生不同的反应方式。
   - 决定哪些行动应该被奖励、强化或鼓励。

> 想想古老的谚语如何应用在我们的讨论中：如果你总是用以往的方式行事，你将会得到一样的结果。

当然，这是简化的说法。但原则是要认识到要改变学生的行为，某些事情就需要改变。通常，我们需要改变或创造改变，这是问题的根本。我们容易将改变的需求放在学生身上，而不喜欢把重点放在自己身上。

你的意思是我要改变，学生才会改变吗？

这是可能的。有效的行为方案将帮你找出哪些是需要改变的，你可能需要：

- 改变你与学生的沟通方式。
- 改变你对他正在做的事的回应方式。
- 调整环境里的某些事物。
- 或其他无限的可能性。

你可能需要改变你的行为或促使环境做出某些改变。

那么，你如何知道哪些需要改变？

这要取决于问题的原因。任何评估的目标之一都是决定需要改变的地方。为此，你需要分析问题的原因。一旦确定好原因，便可探索解决方法，为改变学生行为提供必要的支持。

最有效的行为方案和方法具有以下特点：

- 焦点放在确定问题行为的原因上，而不是在思考问题之前就试图改变学生的外显行为。
- 不预先假设学生理解沟通或社会情境。
- 敏锐察觉学生不同的学习风格并利用，促使学生的学习优势发挥到最大限度。
- 在真实的生活情境中训练技能，让好的行为尽可能泛化到生活常规中。
- 认识到人类行为的管理有别于机器管理，处理问题时总是考虑人的因素。

▶ 孤独症学生的行为干预少了什么?

许多行为干预策略，似乎都忽略了 ASD 学生的特质。通常，在管理行为时没有了解行为原因或造成这种行为的重大内在缺陷。你无法在尚未了解孤独症的本质前，真正了解孤独症学生的行为（Yarnall, 1997）。研究指出，大脑各部分的差异影响了孤独症学生对周遭世界的感觉以及试图回应这些感觉的方式。如果学生感觉错误，很可能会给出错误的回应，与学生一起工作的人，就很容易错误解释学生的行为。他们可能会归因于：

有意识的企图	故意表现出这种行为	（可以改变）
而不是		
器质性的	大脑不同的结果	（不能改变）

这导致行为的干预无法成功或结果令人失望。

有些问题行为会出现在所有儿童的成长与发展过程中。这些问题行为可能源于儿童不当的学习，或儿童试图去试探限制。这些行为会在儿童累了、饿了或被拒绝想要的东西时发生。有时儿童故意反抗，试图找出能真正控制他人的力量。孤独症或其他障碍的学生，也会在发展中出现与同伴相同的问题行为。

特殊需要学生的问题行为，比其他孩子复杂得多。孤独症学生经常出现极端的问题行为。造成这些学生问题行为的原因各有不同。其中，沟通障碍是许多问题的根本。他们大脑的差异影响了：

· 他们如何觉察环境。

· 他们如何理解与解释沟通与社会交往。

· 他们如何表达自己，使要求与需要得到满足，并参与互动。

管理问题行为的传统方法通常是无效的，因为这些方

> 如果我们过于关注方案，以致忽略对学生的观察，我们不会得到太多想要的结果。

法并没有适应这些学生的差异。所以，不了解 ASD 学生如何学习与理解，行为管理方法将永远无法真正地成功。

你是如何改变的？什么样的改变是必需的？哪些是最重要的？

沟通变成很重要的议题，经常被认为是问题行为的原因。此外，在解决问题行为时，沟通成为重要的资源。不论你执行哪种行为方案，学生的沟通能力都是必要的考虑。教学方法的成功或失败，取决于对学生沟通技能的准确评估。当他们的沟通需求得到满足时，学生会发挥最大的潜力。利用其学习优势才能成功地教给他们所需的社交和沟通技能以及适合的行为表现。了解更多有关沟通的知识，可以把这些全都串联起来。

第二章
了解沟通

沟通不只是"说话"而已。沟通的发展远比大多数人所能理解的还要复杂。从出生哭泣的那一刻起，身体中与生物、神经组织相关的系统已开始发展。早年的认知发展与感觉加工、知觉、记忆及各种思考、推理、问题解决技能的成熟度有关。许多能力与认知发展交织，最终发展成沟通。

儿童如何学习沟通？

在典型的发展过程下，沟通的过程是自然而然展开的。证据显示，儿童倾向于注意周遭的人说话及与他们沟通。从出生几天到几周大，婴儿已经开始显露出对某种语调与某些人的声音的偏好。在最初几个月大时，他们开始发展出微笑、与身边人互动以及发出一连串声音的能力。早期沟通技能的出现，似乎源于某些内在的成长趋力，沟通技能也自然而然随着与人互动的经验增多而逐渐提升。社会性游戏是这个发展过程中的重要部分。不同文化背景的父母似乎都知道如何与儿童互动，促进这些沟通技能的发展。

> 有许多专有名词描述学生的心理与学习能力，如认知能力、智力、智商或理解力。沟通技能的发展通常与学生综合能力的发展平行。

说话又是什么呢？说话的能力又是如何发展的？

在儿童成长的过程中，父母会注意到典型发展的常见指标，如社会性游戏、理解的能力及口语的发展。父母主要的注意力都放在儿童开口说的第一批词汇上。第一批词汇是如此令人兴奋，经常与其他发展里程碑一起被记录在育儿书籍中。

普通儿童会学着去理解语言、表达要求与需要以及与他人社交互动。说话通常开始于发出一个词语，然后是两个词汇的组合，最后发展成使用复杂的沟通方式。这些能力大部分是从儿童和环境的互动中自然发展而来的。儿童掌握越来越多的沟通技能后，最终成为有能力的沟通者。

> 人们越了解沟通的动力，越能有效地与ASD学生沟通，管理他们的行为。

但有些儿童没有发展出语言，或发展出很不同的说话方式。请帮助我了解这些。

有些儿童不会按照典型发展进度掌握沟通能力。沟通发展较为迟缓的儿童，学得比同伴慢。有些儿童有沟通技能学习的障碍，他们的做事方式似乎与别人不同。他们在发展技能时，不但非常缓慢，学习的方式也不寻常，甚至不好。在试着解释这些儿童沟通发展为何失败前，有必要先详细了解究竟发生了什么。

> 沟通与认知能力的交织过于复杂。认知发展较为迟缓的学生，沟通技能的发展也比较慢，与认知能力平行。但这并不代表沟通技能发展较为缓慢的学生，认知发展一定迟缓（智力障碍）。导致沟通技能发展迟缓的原因非常多。

▶ 早年的沟通技能如何发展？

虽然大多数人能够很敏锐地觉察到儿童说的第一批词汇，但在这之前或同时也有许多其他技能和意识出现。这是一个非常复杂的过程，得花费整本书来讨论细节。但最应该了解的是，要成为有效的沟通者，除了说话能力外，其他技能也非常必要。

我想让我的孩子说话，口语很重要，难道这不够吗？

是的，只有口语当然不够。与其在书里详细讨论典型发展的每一步骤，不如只讨论几种有助于儿童发展的技能。

沟通从了解开始。可以帮助儿童理解社会交往意义的技能开始发展。与他人互动所使用的沟通方式或形态，开始对儿童产生意义。儿童开始解释：

- 说话的语调。
- 面部表情。
- 手势。
- 触摸。
- 动作。
- 肢体语言。
- 作为沟通内容一部分的物品。
- 某人特别使用的话。
- 语调的类型。

当儿童开始参与这些初步的互动时，他们开始回应。在还未发展语言之前，儿童已经习得了许多前语言技能，使他们能与其他人互动。前语言的沟通，由手势、肢体动作、视线接触或其他非口语的技能完成。这些技能都是开始真正有效沟通不可或缺的。前语言的沟通技能包括：

1. **社会化行为：**

- 寻求关注。
- 注意某人以建立关系。
- 与另一人一起注意相同的事物，以分享体验（共同注意）。
- 持续地参与社会交往。

2. **社交性轮流：**

- 与他人轮流。

> 想象刚出生的婴儿进入沟通世界所要面临的主要挑战。当所听所见的刺激全都进来时，他不得不试着评估、分类与了解这些信息。他必须理解哪些该记住、哪些该舍弃。他必须能够理解人的声音与吱吱作响的门声之间的不同之处，也必须了解周围人们的语言和动作的意义。当他听到并开始了解语言的意义时，就需要在脑袋里建立一个大型档案柜，帮助自己储存并记住这些意义。

- 当有人试着跟他们互动时给出回应。
- 玩一来一往的社交游戏（例如：躲猫猫）。

3. 沟通的意图：
- 故意做某事来得到他人的注意。
- 使用示意动作、声音或其他方式来表达要或不要。

当这些沟通目的产生时，儿童会逐渐利用各种沟通方法或形式，表达他们的要求与需要。

4. 沟通的形式：
- 自然的动作：
  - 够。
  - 摸。
  - 指。
  - 推。
  - 挥手。
  - 微笑。
  - 点头。
  - 摇头。

- 发声（没有口语前）：
  - 哭泣，尖叫。
  - 咕噜声与响声。
  - 发出各种元音和辅音。
- 肢体语言：
  - 用手将某人带至某处。
  - 靠近或远离某人（改变距离）。
  - 面部表情。
  - 视线接触。
- 使用工具：
  - 给予或展示某物。
  - 实物。

> 对于沟通发展正常的儿童来说，这些技能出现得相当早。对于语言发展较慢的儿童来说，习得这些与沟通相关的技能，相对比较慢或有障碍。

- 图片或照片。
- 印刷或书写的文件。
- 不适当的行为：
  - 拉扯。
  - 咬。
  - 踢。
  - 捏。
  - 扔。
  - 抓取。
  - 发脾气。
  - 自虐。
  - ……

> 显然，儿童早期某些用来表达要求或需要的沟通形态较容易被接受。

5. 沟通的功能：

刚开始，儿童试图与我们沟通，最常见的目的或动机（可称作功能）是：

- 取悦：引人注意、互动。
- 请求：食物、物品或是做某件事情。
- 抗议：我不想要或不想做某事、某件事令我不开心、我不想靠近你、我不想得到你的注意。

随着儿童社交与沟通能力发展得日趋成熟，他们会扩展沟通动机，更广泛地纳入各种目的（功能），包括：

- 社交性问候。
- 命名图片、物品或人。
- 问问题。
- 回答问题。
- 评论某事。
- 参与分享想法或意见的对话。
- 表达感受，如：无聊、害怕、困惑、挫折与痛苦。

> 你是否曾经历过，到某个新环境时，每个人都在说你听不懂的话？你听到了，却觉得像噪声，有许多难以分辨的声音。这是否让人很困惑？有种崩溃的感觉？成人的语言对婴儿会像什么呢？想象普通儿童只在短短几年内就要成长到足够了解并使用这些语言，这中间要发生多少事啊！

> **哇！你讨论的所有技能，之前我从未想过。我明白其重要性，但关于口语呢？我仍然想了解口语。**

我们进入口语的部分了！别忘了，这些沟通技能的发展，与儿童生物及神经系统的成熟度直接相关。随着认知技能的提高，他逐渐能做更多的事。

随着儿童的成长，许多技能也在自然地发展。

细想这些：

1. 由于反复听到，儿童开始理解他人的特定用语。他们一再重复听到与某特定物品或事件相关的同样的话，并开始记住这两者的关系。随着儿童记忆能力的发展，他们将记住更多的词汇。
2. 当他们控制与协调声音的能力越来越强时，他们就开始使用声音来辅助沟通。声音被用来参与社交互动以及表达要求和需要。
3. 他们开始模仿与组合声音，最终发出所听到的那些词汇。他们说的第一个词汇令人兴奋，因为这代表儿童能理解嘴巴发出的声音与眼睛所见事物之间的关系。
4. 儿童开始认识到口语沟通所带来的力量，知道使用口语沟通能达到不同的沟通效果，他们拥有了控制力，甚至可以"改变世界"。

> **儿童说出第一个词汇令人兴奋，这是重要的成就！这不是目标吗？**

当我们听到儿童说出第一个词汇时会很兴奋。说出第一个词汇是一个发展里程碑。不过，这只是漫长发展里程中的第一步。掌握这些早期的词汇后，普通儿童将发展许多其他的技能，包括：

这些发展离不开实用技能。实用技能如同胶水，不易察觉，却是实现有效沟通的必备条件。实用技能包括前语言技能，如：有效地使用示意动作、参与社交性轮流、注意力的建立、维持互动、有效的谈话技能以及修复不良的沟通。

实用技能是沟通的非口语部分，当这个技能已存在且运作得很好时，我们甚至注意不到。但当这个技能出现问题时，我们就会发现不对劲了。要想真正了解问题所在，确实需要经过一些分析，不过我们就是知道有些事有些奇怪、不寻常或没有好好发挥作用。虽然许多沟通障碍的学生可能在实用技能上有些困难，但孤独症儿童在这方面遭遇的困难最为严重。

- 这些在 1 岁左右出现的最初词汇,如此快速增多,5 岁时儿童可认识与使用约 10,000 到 15,000 个词汇。
- 第一个词汇出现后,儿童开始组合两个词汇和短句,最后产生复杂的句子。
- 语言有一套完整的文法结构,儿童是在不知不觉中学会这套结构的。
- 儿童开始学习词汇的多重含义。[热(hot)的火炉会烧伤你。最热门(hot)的车确实花哨。]
- 他们开始创意地将词汇组合在一起,产生独特的句子来表达独特的想法。他们不只是完整重复教过的形式,还创造前所未见的句子。
- 儿童越来越有能力理解他人的抽象概念以及复杂谈话。
- 语言最终成为谈话、抒发情绪及了解或分享复杂想法的工具。

很难想象一个人从婴儿到儿童,最终成为有沟通能力的大人,需要学习多少技能。重点是,大部分复杂的过程是自然发展的。只要儿童能在适当互动或刺激的环境中成长,内在成长趋力将自然地引导这个过程的完成。

为何学习说话与沟通,对某些儿童很难?

这是一个不太容易回答的问题,因为每位儿童的情况都不太一样。我们要知道,这些儿童的生物或神经系统运作出了问题。这些对于其他儿童能自然发展的技能,在这些儿童身上的发展却不一样。造成这种现象的因素很多,本书无法一一探究。然而,本书可以帮助我们探究有沟通困难的儿童会出现什么样的问题,这些知识可以为我们提供认识沟通与行为关系的基础。这些基础一旦建立,就能通过我们的理解来支持及引导学生发展,开始解决学生出现的问题行为。

实用技能是那些可以有效辅助沟通,却"不易察觉"的技能。例如:
- 专注。
- 建立视线接触。
- 谈话能力。
- 适当地使用示意动作。
- 社交性轮流。
- 中断及修复技能。
- 以及其他更多的技能。

孤独症的主要特征之一是沟通与社交障碍,不论学生是高功能或低功能,也不论学生是否有口语。根据定义,这些学生可能会出现某些沟通与社交困难。通常,最棘手的反而是那些具备口语且高功能的人士。他们看起来比真实情况更好。然而,在实用技能方面存在的困难却导致他们"不一样"。要搞清楚他们遭遇困难的所在更难,因为这很微妙。

▶ 什么是沟通问题？

沟通与行为息息相关。学生通常不是"坏"，而是沟通系统出了问题。了解他们的系统哪里出了问题，有助于提出更切实的期望。

即使学生能说，但如果他在实用技能方面出现问题，他也未必能成为有效的沟通者。孤独症人士最常出现社交技能与实用技能的困难，虽然这些问题往往也是许多障碍的一部分。

如果了解了沟通过程的复杂程度，就不会惊讶于有些学生在这个过程中遭遇的困难。有轻微障碍的学生可能在一两个领域内有困难，严重沟通障碍的学生则可能在许多领域都有困难。确认学生出现问题的类型是提供支持并进行教育的第一步。以下是学生最常遇到的困难领域。

视觉或听觉困难：

听觉与视觉是发展沟通技能的基础。和普通人一样，有些儿童也有视觉或听觉的问题。当我们观察到学生无法稳定地回应声音或与他人的沟通时，就要怀疑他是否有听觉问题。另外，严重的视觉问题也会影响儿童回应沟通情境。当学生不能正常看或听的时候，他们的沟通能力必将受到影响。有时，这个领域的明显问题没有被指出。

还有一类学生，他们可以看和听，但在感觉输入的某些方面有问题。他们不明白所听所见的事物，或是对视觉或听觉的反应与众不同。

理解障碍：

学生很难理解及解释接收到的沟通与社交信息。他们可以听到和看到，但他们对信息的解释能力却存在局限。

他们无法有效地理解所听到的，这可能与难以专注、大脑加工信息的方式以及其他相关功能有关。有时，这些学生被描述为有听觉加工问题，他们可能因为被怀疑听不见而被评估。一旦确定他们听得到，焦点将转移到他们如何理解所听到的东西上。

> ASD 学生往往难以理解沟通与社会交往，这是最不易被诊断和最易遭到误解的地方。

他们的困难在于，难以理解某人正在使用的语言和其他的沟通形式。即使他们理解他人所说的话，但是在理解与解释所沟通的想法和概念上可能仍有问题。

范例：

当你用口语告诉苏珊你想让她做什么时，她无法回应，你必须指着所要的或通过肢体辅助她跟随你的指令。

范例：

卡洛斯试着参与谈话。然而，当你问问题时，他可能会给你一个毫无关联的答案。

范例：

假若你请安东尼帮忙拿东西或指示他该怎么做，他可能会完全误解你的意思。

范例：

吉恩想试着和同学谈话，但是他似乎不了解同学所问的问题。

范例：

当罗宾一听到别人讨论电视新闻里的连续杀人犯时，就停止吃早餐。

范例：

汉克一直吵着问爸爸何时逛街，但他是逐字地去理解口语的，所以当爸爸说"暂缓一分钟"（hang on）① 时，他立刻紧紧地抓住爸爸的手臂。

---

① 译注：hang on 的字面意思是"紧抓不放"。

无效的沟通意图：

儿童使用某种动作或声音，以期引人注意或引发他人反应，这被称为沟通意图。他带有目的性地去做某件事，或传达信息，或获得反应。有些学生却很少表现出有沟通意图，甚至没有。而有些学生会试图沟通，不过他们所尝试的方式却是无效的。如果他们没有得到回应，可能就会放弃尝试。沟通意图另一个重要的部分是坚持达到目的。为了达到有效的沟通，学生必须了解所表达的信息，且不断尝试，直到与别人"接通"。

范例：

当珍妮弗看到你正在吃她最喜欢的软糖时，她紧盯着那些糖。你继续吃，她就继续盯着并敲自己的头。没有人意识到，注视与敲头是她要告诉你她想吃一些软糖的方法。

范例：

劳拉开始意识到饼干图片可以帮助她得到饼干。她走到挂在墙上的饼干图片前，指着图片。很可惜，那里没人接收她的信息，她不了解沟通中，人也是必要的一部分。

范例：

蒂姆斯发出一种特别的声音，妈妈能理解这是蒂姆斯想要去厕所。所以当蒂姆斯发出这种声音时，妈妈就带他去厕所。但如果蒂姆斯发出声音时妈妈没听到，他就会出状况。蒂姆斯不知道他需要引起妈妈的注意或再发出一次声音。

范例：

吉姆话很多，但总是在自言自语。他不知道如何利用语言与他人沟通。

社会交往困难：

孤独症学生的社交技能与普通学生不一样。发起社会交往、回应他人的社交意图、持续参与互动情境、轮流交换信息、解释社交情境以及正确理解他人的沟通等，都是他们的困难领域。

范例：

斯蒂芬妮走路时攻击人，这似乎是她与人打招呼以及参与社会交往的方式。她需要学习如何以更适当的方式引起他人的注意。

范例：

当你尝试与马克说话或游戏时，他会不断地跑到房间的另一端跳上跳下。他需要学习如何持续参与某一互动情境。

范例：

当内森与同学一起排队时，某同学不小心撞到他。内森的反应就像他遭到了攻击似的，他不明白这只是意外。

范例：

当学生们嬉闹地经过餐馆时，肖恩变得很沮丧。因为她认为他们在取笑她，她难以明白他们为何嬉笑。

范例：

当某同学走过来和布伦特打招呼时，他总是忽视那同学。

范例：

柯蒂斯总是盯着别人的脸并问道："我令你抓狂吗？"

表达障碍：

正常的沟通包括口语与非口语的沟通形式。学生可能受限于所使用的沟通形式。已经发展出口语的学生仍会遇到说话、语言结构或内容上的困难。

无效的非口语沟通：

有些非口语的学生非常擅于利用手势和其他非口语的沟通形式，表达他们的要求与需要。即使他们不会说话，也是非常优秀的沟通者。

这里提及的孤独症学生可能无法有效地使用指向、手势、肢体语言、面部表情以及其他方式来表达需要。不论有没有口语表达的能力，他们都无法好好使用这些非口语技能。

范例：

每当贾森想要某样东西时，他就会哭。他似乎不知道如何告诉你，或指给你看是什么东西让他哭泣，你只能猜。

范例：

琳内的面部表情无法配合当下的情境。即使你跟她分享令人愉悦的事情，她也总是生气的表情。

范例：

即使有人对乔休发脾气，他也是在笑。

范例：

当辛迪试着告诉你某件事时，她很难表达自己。她只会不停地说："那个，那个。"并朝着某个方向挥动手臂。她需要学习更有效的指向来帮助她传达信息。

说话问题：

有些学生无法使用言语或声音，以有效达到沟通的目的。常见的三个问题为：

难以发出声音、言语以表达要求或目的。有时可以，却不稳定。或许他可以自发地发出来，但这是非常偶然的，例如在游戏的时候。或许他可以自然地说出某些词汇来表达要求或抗议，但他无法有意图地或应你的要求再做一次。

范例：

蒂莫西是非常沉默的儿童，他很少发出声音。当他出声时，很少是不同的音。当你要求他模仿发音时，他通常无法做到。

范例：

当你试着要求亚历克西丝说话时，她通常说不出任何话。但当她抓狂时，却会从嘴里蹦出完整的句子。

范例：

有时阿瑟可以说出某个词来表达要求，有时却不行。他的表现很不稳定，但他可以轻易地说"不"。

只为某种目的说话。 或许学生可以唱歌、背诵单词、计算或重复说着电视里的短语。他们往往只会跟着音乐，重复且有节奏地发出声音。学生可能使用这些发声，与某一个人、录像带或录音带"互动"。有时，这样的声音是为了自我娱乐或自我刺激。这些通常不是为了表达需要而出现的目的性沟通，他可能不会使用这些声音来沟通，也不会在被要求时发出这些词汇。

范例：

杰夫数着数并唱着字母歌。事实上，他可以背诵最喜爱的录像带里的每一个字句。但如果你想要他说话，或重复其他的词汇，他通常无法做到。

范例：

一直以来，艾莉森不会使用任何语言来沟通。但如果你靠近一点听，你会听到她能跟着最喜爱的录像带哼唱最喜欢的歌。

很难说清楚。 学生无法顺畅地协调舌头、嘴唇与嘴部的其他构造，这让他的发音不清楚或说话含糊。当学生试着说话时，无法说得很清晰。

> 据估计，大约50%的孤独症学生没有口语，或口语能力非常有限。随着高功能或只有轻微障碍的学生人数的增长，这个比例势必受到影响。其他特殊需要群体中也有非口语沟通的学生。认知障碍程度越严重，就有更高比例的学生无法学会说话。

范例：

科琳试着告诉你她想要的，但她说的话很难理解。她没有发出太多音节，而且很难理解她说什么。

范例：

当哈里试着说话时，跑出来的全是单音节。他的声音听起来像咕噜声，很混乱，几乎全是元音。

语言迟缓或障碍：

当学生学习语言时，他们可能没学到足够多的词汇以表达真正要说的。有时，学生已经学会了一些词汇，却在需要的时候总是找不到适合的。常见的语言问题包括：

学生知道如何使用的字词非常少。因为知道的字词很少，所以他可能为了不一样的目的一再地重复使用。

范例：

罗杰只会使用三个字词："小饼干""洗手间"以及"不"。当他想吃东西时，不管想吃什么，他都说"小饼干"。他常常说"不"，似乎将"不"当作了回应请求的一种方式，而不是真的用来抗议某件事。

他们很难找到特定的词汇表达自己。有些学生好像知道比较多的字词。但有时他们会用错，所使用的字词并不能传达他们想要分享的信息。

范例：

贾斯廷拉着妈妈进厨房，并且说："小饼干！"当妈妈拿饼干给他时，他却大声哭闹，并重复说着"小饼干"。妈妈再给他一片饼干，他仍继续哭闹。后来妈妈放弃了，另外拿些果汁给他，他竟然开心地笑了。

有时候，学生必须花很长的时间才能想到正确的字词。

当他们自然地把话说出口时，或许可以更轻易地想到适当的字词。但若处在别人期待他说出答案的压力下，他可能需要花更长的时间才能想到。压力越大，他们越难表达。使用图卡可以帮他们更容易地想起正确的字词。

范例：

当你问卡罗琳问题时，她会坐着并微笑，但需要很久的时间才能回答你。

范例：

当你问米歇尔想要看什么书时，她想了很久，无法回答你。假若给她提供一些选择，她也许就能很快回答你。

他们似乎说很多话，却不能清楚地表达。有些学生有能力用更多的词汇，却无法清楚地表达想法。

范例：

迈克尔话很多，总是说个不停，但当你试着跟他谈话时，他的话却让你不知所云。尽管他用了很多词汇，却无法真正回答问题。他需要学习如何用较少的词汇来表达特定的想法。

范例：

戴维可以脱口而出，很快地回答问题。但他最大的问题是不花时间思考，而且说出来的答案可能跟问题无关，即使你明白他知道正确的答案。他需要学习在回答之前等待与思考，如此才能更有效地运用语言。

范例：

杰里的互动很好。他很喜欢垄断谈话，一开始他说得非常流畅，但渐渐地，你就能发现他在谈话时加入了无意义或虚构的词语（流行话）。因此，他真正想要传达的信息就不是很清楚。

其他不一样的语言和沟通方式：

不寻常的说话形式：有些孤独症学生说话方式很特别，例如，用单调的声音、以如同机器人或唱歌的方式说话。

范例：

辛西娅常常被人取笑，因为其他学生形容她说话的方式很像机器人。

鹦鹉式语言：有些学生重复或模仿所听到的语言。即时性模仿（immediate echolalia）是指重复他人说的话，而不是回答问题或以自己的语言回应。

范例：

当有人问马尔科姆问题时，他总是重复问题。例如，当老师问："马尔科姆，你的眼镜呢？"他的回答还是："你的眼镜呢？"

延迟性模仿（delayed echolalia）是指重复曾经听过的、记忆中的语言或词汇。这些语言可能是他人曾经使用过的或从别处听来的（如电视）。学生会用这些记忆中的词汇告诉你某些东西，而不是自己重组的词汇。有时他们反复使用这些鹦鹉式的语言，却不是真的想和别人沟通。

范例：

托德以走近并唱一句"今天你应该要好好休息"的方式跟别人打招呼。

刻板行为：当孤独症学生没有能力使用丰富的语言时，他们会试着以持续的重复性行为，表达他们认为重要的事。持续性的重复行为称为"刻板行为"。

范例：

乔纳森星期四要去看马戏团表演，他无法控制过于兴奋的心情，所以一天之内问了五百万次："星期四是不

> 使用鹦鹉式的语言并非坏事，这也是学习沟通的一种方式。把消除孤独症学生的鹦鹉式语言当成教育目的，不会产生令人满意的结果。相反，以"增加学生可以说出的事物的数量"为目的，将帮助他们成为更有效的沟通者。

是要去看马戏团？"他似乎真的是很想谈关于马戏团的表演，但是他不知道除了这么说之外，还能怎样表达。

范例：

马蒂非常痴迷武士，他一天之内可以说"快变，武士先生"一万两千次。有时是自言自语，有时则是试图跟别人交谈。

无效的交谈： 就像走路与跳舞不一样，交谈也不同于只说话。与人交谈的过程，需要轮流，还要交谈者在不断变化的情境下做出判断。常见的困难包括：

· 如何开始交谈。
· 当有人开始交谈时回应。
· 持续参与交谈。
· 轮流交谈。
· 形成交谈的主题。
· 持续交谈的主题。
· 知道何时及如何结束交谈。

范例： 凯文走近同学，并说了些令人抓狂的话，以引起同学的反应。当同学勃然大怒时，凯文却笑了。他似乎没有更合适的方式与同学互动。

范例：

蒂龙每天都走近大家并问道："你的警车是什么颜色的？"他很想与人互动，却不知道如何用其他方式开始交谈。

范例：

布拉德对篮球很痴迷。当别人想跟他谈话时，他总是把话题转到篮球上，他总是在交谈中插话："他投篮了！他得分了！"不论什么样的话题，布拉德总是会转到篮球上，他需要学习如何谈些其他类型的话题。

> 沟通失败（communication breakdown）是指沟通的信息无法传达。有人试着去传达信息，但对方无法理解。确认沟通失败是非常重要的技能。那么，如果信息无法传达，试图沟通的一方能够知道他的信息没有被理解吗？如果信息不被理解，他们会试着使用其他沟通方式弥补吗？所以，首先你应该确认发生了沟通失败，然后采取某些行动弥补失败。许多沟通上面临挑战的学生不知道如何处理，许多成年的沟通对象也缺乏这些技能。

范例：

当萨拉想要交谈时，她总是一直说个不停，直到别人都离开。萨拉需要学习如何与谈话对象轮流。

分辨与弥补沟通失败：有些孤独症学生想要跟你沟通，他们可能无法意识到从什么时候开始你不理解他们表达的内容。即使他能明白你没有听懂，他们也可能不知道还可以怎样传达信息。如果他们不理解你沟通的信息，他们也不知道该如何告诉你这种情况。

范例：

杰克试着告诉人们他想要的，但没人明白他的话。当没人理解时，他就发脾气。杰克需要学习如何指向或展示某实物，或使用一些其他的方式来传达他的信息。

范例：

假如你告诉埃莉莎去做某件事，她却没明白时，她只会站在那里看着你。她不知道该如何让你知道她并没有听懂你说的。

> 有时，在关注正在学说话的孩子时，人们期望的、要求的和可以接受的，都只有言语。他们并不会对学生使用的其他沟通方式做出回应。即使学生使用的非口语沟通策略已经帮助学生清晰地表达自己，他们仍然没有意识到这样的策略所具有的价值。因此，请牢记所有的沟通方式都有价值。一套有效的沟通系统包含了多种方式，不只有言语。

▶ 沟通问题如何影响行为？

哎呀！我快崩溃了！学生出现的沟通问题有这么多种。这些问题如何影响行为呢？

行为与沟通息息相关。重要的是，别忘了这些学生的沟通方式不同。什么是他们能理解的，以及他们如何与他人沟通，都与同伴不同。我们已经探究的只是一部分问题。以下这些是你需要记住的问题情境发生的原因，通常是：

1. **学生不理解**
   - 学生很难理解周遭环境中的社交线索。
   - 他们难以理解与解释他人的信息。

- 他们无法有效参与，因为他们不知道需要学习什么。
- 问题行为来自学生的误解与混淆。
- 问题行为的发生是因为别人不知道他们不理解。

2. **学生很难表达自己**
- 人们没有意识到学生在试图沟通。
- 在某些情况下，对方预期的是不同的沟通方式，所以不能理解也没有回应学生传达的信息。
- 人们无法正确地解释学生的语言、沟通意图或行为。
- 学生的沟通意图无法充分表达他的要求与需要。
- 学生用某种行为试图达到目的，因为这样的方式比其他所知道的沟通方式有用。

3. **学生不知道还可以做什么**
- 学生做他们知道如何做的。
- 他们需要学习新的或不一样的技能，以帮助他们更有效地参与生活常规。

重点：沟通不只是说话而已。这是一个复杂的过程，需要结合许多不一样的技能。即使他们开始发展沟通技能，他们的沟通方式也可能效果不佳。
- 他们习得的沟通技能有限。
- 他们拥有的技能无法有效运作，不能帮助他们了解环境或满足他们的要求或需要。
- 沟通困难是造成问题行为的主要原因。

> 当我们只期待某一种对学生而言难以实现的沟通方式时，那么，他要么不与你互动，要么就是诉诸某种行为以更强调他的意图。

小提醒：学生会使用对他们最有效的方法。
- 假如他们不知道做什么，他们就做自认为可以做的事情。
- 假如他们在表达要求或需要而人们无法理解时，他们可能就会尝试另一种方式。或许他们会用一些不太令人满意的（从我们的观点），但却很有效的

（从他们的观点）方式。
- 当他们遭受挫折时，他们会让你知道。

如果沟通对这些学生如此重要，有什么弥补方法吗？

最好能想到某些东西可以"弥补"这些学生，使他们不再有那么多的沟通困难与问题行为。很可惜，这不是切实可行的目标。但有两件事我们可以做，从而有效地影响这些学生的生活。

- 促进理解
- 教授技能

这个目标是帮助学生发展各种技能，形成一整套方法，这将帮助他：
- 更有效地满足他的要求与需要。
- 以彼此都愉悦的沟通方式互动。
- 更有效地参与他的生活和日常工作。
- 增进理解。

为了成功达到这些目标，需要分析学生的学习优势。

问题！我们一直在谈论问题。这些学生有优势吗？什么是他们的优势？这就是视觉策略适用的地方吗？

没错！有很高比例的孤独症或其他中重度沟通障碍的学生，都是视觉学习者。这表示他们对所看到的事物的理解要优于所听到的。通过进一步探讨，人们就会很清楚为何使用视觉策略是改善沟通，并成功改变问题行为的高效方法。

第三章
什么是视觉策略？

人们的学习方式是不同的，认识到这一点后，我们发现大多数的孤独症或中重度沟通障碍学生是视觉学习者，这就意味着他们对所见信息的理解胜过对所听到信息的理解。这项发现的重要意义在于为促进孤独症或中重度沟通障碍学生的沟通、社会交往及学习提供了无限的启示。无法有效地接收或加工听觉信息，可能是影响学生行为表现的重要因素之一。

如果这些学生是视觉学习者，我们需要做什么？

我们应该让沟通更可视化。这些学生在高度口语化的环境中生活与学习。想想我们是如何与他人沟通的。我们是通过交谈，不断地交谈实现的。

教育方案通常把焦点放在教授沟通技能上。大部分的安置环境都注重培养学生的表达性沟通技能，帮助他们表达要求与需要，很少将注意力放在提高学生理解生活中存在的各种沟通的能力上。

> 你认为自己是听觉还是视觉学习者呢？当作者问读者这个问题时，约95%的人将自己归类为视觉学习者。或许这些有沟通障碍的学生跟我们没那么不同，但为何他们更容易被影响呢？可能是我们遭遇困难时，比较会以其他方式替代。

> 重要的是，要记住视觉沟通对大多数的学生来说都是最有效的沟通方式。

我们如何帮助他们更好地理解?

可以运用视觉工具和支持来提供结构化的环境和常规,这对于这些学生的生活非常重要。这些视觉工具被用来:

- 为学生提供信息。
- 发出指令。
- 教授社交技能。
- 组织环境。
- 建立规则与行为指引。
- 教授学业技能与工作任务。
- 辅助学习表达性沟通技能。
- 提供更多让沟通更有效的方式。

什么是视觉工具与支持?

你看得见的所有事物。想想我们使用的沟通方式中哪些是你能看得见的。

1. 首先,想象你自己是视觉工具。观察你如何运用手势或肢体动作辅助沟通,例如:
    - 微笑或皱眉。
    - 摇头与点头。
    - 伸手。
    - 拿起某物品。

- 指向。
- 更多其他方式。

2. 然后，想想生活环境中有哪些自然的事物可用来当作视觉工具，帮助学生理解：
- 物品、人。
- 图片、海报、照片。
- 印刷品、书籍、标签、标识。
- 任何你看到的物品。

3. 如果我们需要更多视觉工具，我们可以自己创造。我们可以设计视觉工具，以满足学生的特殊需要，例如：
- 时间表。
- 日历。
- 选择板。
- 规则表。
- 清单。
- 说明书。
- 行为提示单。
- 许多帮助学生理解与知道如何做的工具。

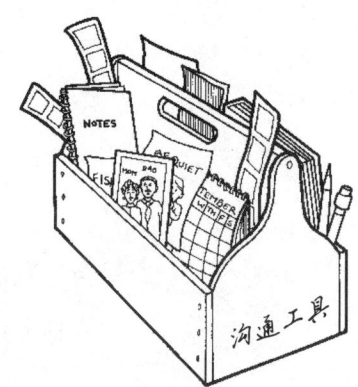

这些视觉工具或支持可以做什么？为何要使用？

视觉工具或支持提供结构化环境，这可以帮助学生有效参与并避免许多问题行为的出现。在面对困难时，我们可以利用他们视觉理解的优势，使用视觉策略来教授技能及辅助沟通。这个方法提供了必要的结构化环境，从实质上改善了许多问题行为发生的情境。问题行为一旦发生，就可以用视觉工具为学生提供矫正行为的方法。

使用视觉工具或支持的主要理由是：
- 改善沟通，包括理解与表达。

- 提供信息。
- 帮助学生处理生活常规。
- 教授技能。
- 预防问题。
- 当出现问题时采取干预。

你想通过视觉工具或支持达到的目标是什么？

目标有许多，但最重要的一些目标是：

- 引起学生注意。
- 促进理解。
- 减少学生的害怕与焦虑。
- 鼓励适当的行为与参与。
- 促进表达性沟通。
- 教授自我管理技能，使学生可以学习管理自己的行为。
- 教授独立所需的自我管理。
- 增加学生在不同安置环境与情境中成功的可能性。

视觉工具与支持成为学生生活中互动与学习的主要沟通方式。

这与行为有何相关？

问题行为的发生有许多原因。当你寻找问题行为的原因时，会很容易发现它们与沟通困难相互交织。当你寻求解决方法时，沟通便成为不可或缺的一部分。

实际的基本要求

孤独症或中重度沟通障碍的学生的许多问题行为通常是由其无法理解所处的世界，以及要求与需要无法得到有效满足而导致的。他们往往是视觉学习者，却生活在听觉的世界里。由于易受挫折及常遭误解，他们的行为通常不同于其他的学生。有时他们并不明白如何完成其他学生做的事；有时他们运用其他学生不需要的策略来控制世界，这都使他们备受挫折。而教导他们的家长或老师也会感到沮丧与焦虑，有时会因为这些学生做了什么或不做什么而感到困惑。

为了应对这些挑战，我们探索并发现了他们的相对学习优势，即与所听到的相比，这些学生更容易理解他们所看到的。简单来说，我们应该利用他们的优势来弥补学习的不足。因此，视觉策略应运而生。

- -

最重要的是：

视觉策略行得通！这些技能适用于有口语的学生，也适用于无口语的学生。不管是高功能或低功能的学生，皆可从根据其能力设计的视觉工具中获益。视觉工具或支持不是"万能创可贴"，不会修复这些学生的所有问题。但这些工具为他们提供了极有价值的架构来辅助生活。使用视觉工具或支持会使生活出现非常大的不同。这是本书接下来要讨论的部分，包括许多的观点以及许多该如何做的建议。[1]

---

[1] 原注：在《促进沟通技能的视觉策略》一书中，关于如何及为何使用视觉策略有更深入的解释，书中也有许多的范例及如何使用的建议。

第二篇
评估考虑

第四章
评估行为情境

处理行为情境关键在于对问题的评估或考量。没有完整地评估学生及其问题行为，行为管理将变成对一系列特殊行为或事件的反应，而不是实现长期改善的支持计划。

人们对学生的行为做出回应时，通常不会评估行为出现的原因。当学生做出特定的行为时，他们决定以某一特定后果介入，以停止学生的那种行为。很不幸，这样的方式经常造成更多的挫折，而且无法解决问题。除非那些行为的原因以某些方式得到满足，否则行为会一再出现。例如：

> 除非那些行为的原因以某些方式得到满足，否则行为会一再出现。

- 珍妮不断地脱鞋子，结果她被罚坐在某个区域内，直到把鞋子穿上。如果没有人发现她脱掉鞋子是因为有东西刺到脚，他们将与珍妮对抗一整天。
- 戴维突然去抓旁边同学的食物，结果被罚离开餐桌一分钟。糟糕的是，这个行为后果并没有教会大卫适当地提要求，从而使他不再抓取他人的食物。

完整的评估将指引我们找到解决学生问题行为的答案。

你推荐哪种测验工具来评估行为问题？我想买一套！

成功评估最重要的工具是观察力，熟练的观察有如看电影一般。在电影院，你不仅看影片的主角，也会注意到所有的配角、布景、音乐及其他与故事创作相关的因素。评估行为同样需要对细节的关注。你不仅要密切注意学生的行为，也要注意观察其他相关因素。

首先，我们需要在学生当时所处的情境中观察问题行为；

其次，行为的原因是重点锁定的目标；

然后，我们必须在学生能力与特殊需要间取得平衡；

最后，这些信息的结合提供了可行的解决之道。

当我们观察学生在引发困扰的情境、场所与互动中的应对表现时，评估就发生了。当我们越能从"大图像"的视角看待问题行为时，就越能有效地制订解决方案。

▶ 评估的工具

针对行为观察，有许多评估方法与施测步骤。

ABC：

最常见的记录表格之一。这是收集资料的简单方式，它帮助你思考究竟发生了什么事，以及观察整个事件脉络下的行为，而不只是特定的行为。它的目标是为了记录：

- 前提（Antecedent，问题行为出现前发生了什么事情）。
- 行为（Behavior，学生做了什么）。
- 后果（Consequence，之后发生了什么，行为的结果是什么）。

行为观察		
前提	行为	后果

ABC是有逻辑地观察"大图像"的简易方式，指导我们在观察行为时，找出造成问题行为的原因。

功能性行为分析：

分析学生行为的方法有许多。分析行为以判定行为的目的或功能的方法，被称为"功能性行为分析"（functional behavior analysis）。功能性行为分析的目的是系统地观察所需的信息，形成有助于长期改善的方案。记录你所收集的资料，有助于情境的分析。

收集数据：

收集数据是引导我们观察的另一个简单工具。通过不同方式收集的数据，可以帮助我们解决问题。最常使用的有：

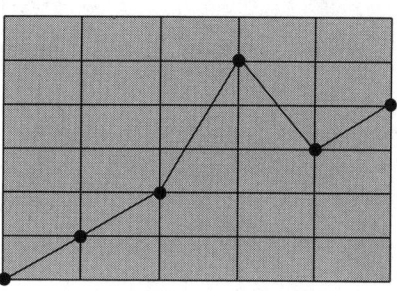

- 记录学生在生活常规中发生的某个问题。
- 特别确认学生做了什么或没做什么。
- 持续追踪学生做过或未做某事的次数——某个问题发生的频率。
- 确认学生行为或表现上的改变。

数据收集帮助我们确认对事件的记忆。当我们改变某件事情或做法不同时，数据可以帮助我们确认改变是否真的造成了学生行为的不一样。

你如何知道做什么才能解决这些问题？这是我最想知道的部分！

没有万能处方。"行为情境评估指导"工具或许有帮助，它可以引导你的观察及对你所处理的行为进行思考。由于每位儿童都不一样，每种问题行为都是独特的，所以要检查每个答案。

ABC、功能性行为分析以及数据收集，给我们一些汇集信息的方法，告诉我们到底发生了什么事，帮助我们发现问题是什么，不过这些工具并不会告诉我们解决问题的答案。"行为情境评估指导"会引导你找出一些解决之道，并将目标朝向本书讨论的策略。这种工具并没有试图取代其他评估或观察工具，而是为其他评估方法作补充。这种评估工具不会解决你的所有问题，但为评估或更了解问题提供了参考框架。

▶ 评估行为情境

什么是行为情境评估指导？

这种工具有五个部分。本书所讨论的资料将协助你回答这问题。当你仔细考虑这些答案时，想想下列这些要点：

1. **描述情境**（更深入的讨论详见第一章）：
有效的行为情境评估需要一些初步的信息。
   - 首先，我们需要知道关于学生的一些特定细节。观察所有的问题行为都需要考虑到学生的年龄与技能水平。我们所需的最重要的信息之一是他的能力或功能，这不是指实际的智商分数，而是意味着我们需要确定学生的功能是否符合其年龄，或是否处于中下或严重障碍程度。这些信息将使我们对学生的期待更实际。对某一技能水平的期待并不适合另一技能水平。令人惊讶的是，许多人宣称他们不知道学生的功能处在何种程度。没有这些信息，我们就得冒着风险，设定学生可能永远都无法达到的期待。

- 评估始于客观、完整的问题描述。这必须在确定适合的解决之道前完成，千万别跳过这个步骤！
- 如果某种行为存在，其实它就已经以某些方式得到了回应。有防止问题行为发生的措施吗？学生对现有的预防措施反应如何？现有的系统是否有效？为什么？其他人又如何回应这些行为呢？结果呢？
- 正确看待这些问题行为，有助于我们确定要处理的部分。试图改变学生的每一件事是不太可能的，要挑最重要的部分来引导。

2. **分析与解释行为**（更深入的讨论详见第一、二章）

一旦我们描述行为，我们就需要试图解释所见。我们需要分析信息以认识所观察到的现象，这有助于我们理解为何行为会发生。在找出长久有效的解决方法前，这个步骤是必要的。

- 问题行为很少是单纯的事件。越能从学生的角度理解情境，解决方法就越有效。
- 沟通伙伴或直接参与行为情境的人，他们的观点可能和学生有很大不同。
- 外在观察者看待情境，可能与那些直接参与者不同。当你在互动中不是那么活跃时，往往比较容易看见全貌。
- 有时，行为的原因与目的非常明显，而有些时候则很难弄清楚。在那样的情况下，可能就得猜测或假设，直到获得更多信息。当你利用假设来设计解决方案时，如果你的假设是对的，情况就相当明显。如果学生回应你的解决方案，你就可能是对的。

3. **探索解决之道**（更深入的讨论详见第一、二章）
   - 首要目标就是预防问题的发生。这是理想，不一定常常行得通。
   - 次要目标是当问题真的发生时，要有处理问题的工具。
   - 别忘了！不采取行动可能与采取行动同样重要，得视当时的情况而定。

4. **选择策略**（更深入的讨论详见第三章，而其他章节则总结了许多不同的选择）。
   - 由于沟通经常是问题的一部分，应逐渐把沟通纳入解决方案中。
   - 由于视觉策略是有效沟通的重要环节，因此，在制订任何改变行为的计划时，都应将其作为重要因素考虑进来。
   - 有时候，重要的改变来自沟通伙伴。他们如何调整沟通或行为，可能明显影响学生的行为。

5. **评估新计划**

持续的评估告诉我们，我们所做的是否实现了我们想要的结果。评估与观察是行为管理的必要因素。

"行为情境评估指导"将帮助你发现简单而有效的问题行为解决方案。

行为情境评估指导

学生是谁？

姓名：_____

年龄：_____

诊断：_____

整体能力／功能程度：_____

沟通技能：_____

　　理解：_____

　　表达：_____

社交技能：_____

其他观察：_____

特殊考虑：_____

描述问题行为

行为的本质：

学生做过的，有哪些特别的？

学生无法做的，有哪些特别的？

描述问题行为

情境：

　　当行为发生时，还发生了哪些事情?

　　问题在何时发生?

　　　・一天中的哪一时段?

　　　・在哪些活动中?

　　问题在何地发生?

　　　・有特定的场所吗?

　　行为发生的频率?

　　　・有固定的模式吗?

后果：

　　行为发生后，学生做了什么?

　　现在如何处理?

　　　・行为发生前有任何预防的措施吗?

　　　・学生如何回应现有的预防措施?

　　　・当行为发生时，如何处理或回应该行为?

　　　・现有的行为管理方法有效吗?

重要性：

  为何这些行为需要特别关注?

   ·令人讨厌的习惯

   ·我想要改变的行为

   ·真的令人很讨厌的行为

   ·造成问题的行为

   ·造成重大问题的行为

   ·我再也无法忍受的行为

   ·妨碍生活常规的行为

   ·妨碍学习的行为

   ·造成伤害的行为

期待的情境：

  学生应该做什么?

  学生不应该做什么?

  期待什么样的改变?

其他观察：

（侧边栏：描述问题行为）

分析问题与解释行为

从学生的角度

学生有问题吗？

○ 为某事困扰
○ 想要拥有无法得到的东西
○ 感觉不好
○ 不知道该如何做某件事
○ 不想要某件东西
○ 没有问题，只是自然地做
○ 其他

○ 无法忍受特定的人或情境
○ 对某人或某情境有特定的反应
○ 做了不适当的事情
○ 不会修复沟通失败
○ 不知道该做些什么

沟通或行为的功能（目的）是什么？

有沟通的意图吗？

　　○ 寻找社会交往
　　○ 得到注意
　　○ 避免社会交往

　　○ 要求
　　○ 抗议

　　○ 获得信息
　　○ 提供信息

　　○ 逃离

　　○ 交谈

　　○ 其他

行为表现缺乏互动吗？

　　○ 自我刺激
　　○ 其他

学生想要发生什么事？

学生预期会发生什么事？

行为达到学生的目标了吗？

分析问题与解释行为

从沟通伙伴的角度

有发生沟通失败吗?

沟通失败的本质是什么?

学生:

　　○ 不了解
　　○ 无法表达自己
　　○ 其他

沟通伙伴:

　　○ 不了解学生
　　○ 必须以不同的方式与学生沟通
　　○ 其他

分析问题与解释行为

从观察者／分析者的角度

行为的原因可能是什么?

○ 行为符合其年龄

○ 行为符合其发展程度

○ 社交技巧问题

○ 沟通失败

○ 不同的学习风格

○ 幼稚的行为

○ 感觉问题

○ 环境

○ 医学需求

○ 家庭问题

○ 习得的行为

○ 其他

就这一个原因吗?

还有其他的原因吗?

上述原因都是!

制订解决方案

制订解决方案

要发生什么事,才能解决问题?
改变造成行为的原因
及/或
改变成人对问题行为的反应
及/或
以更适合的行为取代原有的问题行为

以预防为目的
(在问题发生前)
○ 明确原因
○ 教授技能
○ 提供选择

以干预为目的
(在问题发生后)
○ 明确原因
○ 教授技能
○ 提供选择

视觉策略可以成为预防与干预的必备部分。

改变问题行为时,必须做些什么?
· 辅助沟通
　　○ 促进理解
　　○ 促进表达
· 教导
　　○ 教授新的技能
　　○ 形成常规
· 改变环境
　　○ 物理环境——周遭的事物
　　○ 功能性环境——活动
　　○ 他人

· 获得医学关注
· 调整感觉需求

切勿采取的行动:
　　○ 共存,因为不可能改变
　　○ 等待,直到孩子成长
　　○ 忽视,将自然消失

选择策略

沟通适用于何处?
○ 促进理解
○ 促进表达
○ 增强社交技能
○ 增进社交理解
○ 学习特殊技能
○ 管理生活
○ 自我行为规范
○ 自我管理
○ 其他

考虑视觉策略：
○ 增进理解
○ 管理环境
○ 要求与选择
○ 辅助自我管理
○ 提供信息
○ 教授技能
○ 教授特殊沟通技能
○ 提供指引
○ 辅助表达
○ 教导行为规范
○ 其他

视觉策略如何成为解决方法的一部分？如何使用？
○ 为了改变原因
○ 教授不一样的技能
○ 改变行为的回应方式
○ 教学生不同的回应方式
○ 其他

创造改变

沟通伙伴需要做什么呢?

○ 改变沟通方式

○ 改变教导风格

○ 改变造成问题的某些事物

○ 改变问题的回应方式

○ 改变环境

实施计划

有哪些视觉工具或策略已经存在?

○ 该如何使用?

○ 要做什么样的改变?

需要发展什么视觉工具或策略?

○ 视觉工具看起来像什么?

○ 摆在哪里?

○ 谁将使用?

○ 何时使用?

○ 如何使用?

需要通过哪些步骤来帮助学生预防或消除问题行为出现的可能性?

教授正确技能的步骤有哪些?

当问题发生时,通过哪些步骤来实施干预或改变情境?

评估新计划

评估新计划

发生了什么事?

○ 有什么事改变了吗?

○ 这样的改变导致学生的行为改变了吗?

○ 学生的行为如何改变?

○ 这样的改变导致令人满意的行为吗?

下一步是什么?

○ 继续使用已经执行的方案,因为有效。

○ 加入更多的策略协助解决问题。

○ 调整至今仍不见成效的方案。

○ 应对不同的问题或情境。

第三篇
改善沟通

　　问题行为、沟通与视觉策略三者息息相关。因为沟通失败是许多问题行为的一部分，改善沟通是最主要的目标。本章将强调一些重要的技能，用于改善学生与伙伴的沟通，这些技能是有效沟通互动的基础。

　　这些重要技能是建立沟通的基石，对视觉策略也非常重要，能带来真正的不同。这些技能可以支持视觉工具的使用，而视觉工具的使用也将促进这些技能的发展。

　　沟通伙伴需要记住，他们是学生成功的重要支持。人也是视觉工具之一，应对方式的不同将导致问题行为和成功沟通的差异。

　　一旦拥有这些基本技能，视觉工具和支持将发挥最大的潜能。

第五章
成为更好沟通伙伴的十大秘诀

发展有效的沟通互动技能,是孤独症及其他沟通障碍学生的重要需求。

面对有些沟通困难的学生,不论我如何努力尝试,总觉得无法跟他们连接。

思考哪些技能是我们希望学生学习的很容易;然而更大的挑战是观察并反思我们自己的沟通方式,如有必要,请及时调整。这些小小的改变可以帮助我们成为更好的"沟通伙伴"。在与互动困难的学生一起工作时,这一点尤为重要。以下这些秘诀将提高沟通的成功率。

1. **配合学生的高度**

想想看!大人常常会让学生觉得高高在上。一般来说,学生的身体远比大人小。当他们坐着而大人站着,或是其他不平衡的组合姿势时,双方脸与脸之间的距离太大。

- 坐下、弯下腰、蹲下等,尽可能地让你的脸在儿童的视线高度,你可能需要移动自己或儿童的身体来达到这个高度的平衡。

> 有些孤独症人士，虽然可以看或听，却无法将二者同时进行。或许这是他们视线接触不佳的原因之一吧！

2. 引起注意

你需要比周遭的事物更能引起他人的兴趣。

- 将身体靠近小孩。有些小孩只有在当你离他们不到1米时才会给出回应，如果你在房间另一头，往往很难引起他们的注意。但要知道，有些学生不喜欢别人太靠近自己，细心的观察将帮你确定有效的距离。

- 让你自己在儿童的视线范围内。如果儿童把头转向别处，我们很自然地会把他的头转回来面对自己。其实，移动你的身体，让自己重新进入儿童的视线范围内会更好。

- 等待学生朝向你的时候。并不需要学生直勾勾地盯着你。只要他能朝着你的方向转动身体或头，或移动目光，都足以证明他在注意你。

- 变得活泼一些。根据需要尽可能活泼一些，这可能意味着要有一点"愚蠢"的感觉。夸大面部表情、手势或肢体动作，也可以试着改变音量、速度或者音调。

- 使用视觉道具。拿着你正在说的某个物品的实物或图片，放在孩子的视线范围内并来回移动，直到你确定他看到了。试着将这些道具举在你的面前或靠近脸部、嘴巴的位置，让他可以同时看到道具和你。

3. 让学生为你即将要进行的沟通做好准备

要让学生把注意力转移到你身上，可能需要花些时间。很多时候，这些学生在这方面的行动都显得比较迟缓，如果你的沟通进行得太快，他们可能会遗漏重要的信息。使用语言提示学生准备接收你的信息，试着叫学生的名字或是发出准备的指示语：

- "看"
- "听"
- "喔！喔！"
- "好"

- "注意"　　　　　　・"预备"
- 当你不确定学生是否注意时，可搭配示意动作。
- 使用视觉道具，帮助他转换到你要谈的主题上。这在你从某一主题或活动转换到另一主题或活动时，特别有用。

4. 使用有意义的手势和肢体语言

手势与肢体语言对于澄清信息非常重要，可以帮助学生注意和理解你所说的。这些方式的使用，会产生大不相同的效果。当你说话时，随意的挥手并不能改善沟通。那些与沟通无关的快速转换动作，实际可能减弱你试图传达的信息，而有目的的动作则可增强你的互动效果。

- 夸张的示意动作。做出比平时更夸大的示意动作，帮助引起注意。
- 以缓慢、明显的方式运用手势或肢体动作，停顿以增强戏剧性效果。当你摇头时，延长摇动时间；当你做鬼脸时，延长这些表情的时间。
- 指着某物品时，指向的动作要够久，维持这个动作。学生不太容易注意到太轻和不停移动的指向动作。别忘了！好的指向动作对于帮助学生熟悉共同指向（mutual referent）十分重要。当你们一起看到相同的物品时，沟通的效果会增强。

> 共同指向是指两个人同时注意某件事物。

- 别忘了！沟通不只是说话而已，你的手、脸及身体都是重要的沟通工具。

5. 以视觉来支持沟通

视觉支持可以达成许多目的，最终帮助学生更有效地参与。而身为沟通伙伴的你，若能适当地使用某些视觉支持，将大大地改善与学生的互动，也会使你们更享受彼此的互动。

- 别忘了！视觉支持不只是图片而已。图片很棒，但只是其中的一种形式。肢体也是视觉工具，还有实

物、人、电视节目简介、书面信息、日历以及所有你可见的，都可以是视觉工具。

6. 缓慢且清楚地说话

其实一般人不是常常都能清楚表达的。口齿不清、口吃、重复、忘记及夹杂不合逻辑的信息是非常普遍的。有时说了第一句，又开始第二句，然后又结束在第一句。有沟通困难的学生无法跟上这乱哄哄的局面。更何况，有沟通困难的学生处理语言信息往往比我们慢。如果我们说话的速度很快，我们的话听起来就会像快速转动的录音机。若我们又是"滔滔不绝者"，这样对学生来说，处理信息更是难上加难。放慢说话速度可以明显地改善沟通。说话慢到甚至令人感到可笑，那时你才可能是以正确的速度说话。

7. 限制话语

话多不见得是好事。大多数教学模式训练并建议我们多说话，认为这样才能帮学生更容易理解，这是不对的。话少才有用，尤其是像我们这样真正的谈话者。单一词汇的话语和短句，通常比长句更有效。判断要说多少话的方法之一是考虑配合学生的说话量。如果学生用短句说，那表示他对单一词汇及短句的理解会比长句好。

8. 在互动时，腾出"等待时间"

当你问学生问题时，在期待回应前先等待片刻。给指令时，先停顿片刻好让学生有时间处理你的要求。这类学生大多数反应较慢，因为他们需要花些时间让大脑去处理要求，想出如何回应。这有点像你打开计算机，在打字前需要等待"开机"完成一样。大人很容易重复要求或给学生提供帮助，却忽视等待并给予他们需要的回应时间。

- 在你提出问题或要求后，从 0 默数到 5、10 或 20，观察学生需要花多长的时间回应。如果 5 秒或 10

> **如何使用视觉支持：**先将视觉工具呈现在学生面前，引起他的注意。然后，当他注意时，你可以给出简单的口语指示或意见。但如果你说得太快，可能在他注意到你之前，话就说完了。

> "这部分让我感到困惑，为何少说话对那些想要说话的人好？"因为这些学生没有能力理解我们大量的话，他们无法跟上我们说话的速度。当我们放慢速度和使用较少的语言时，他们会更容易抓住信息。这就好比往汽水瓶里装水时，如果水流全开，太多的水无法轻易通过瓶里，反而会沿着边缘流下来。如果水流关小一点，就可以很容易流进瓶里，而不会溢出来。

秒的等待，令你感到漫长也不要惊讶，当你在等待时会是如此。

- 充满期待地等待。看着学生，充满期待地等着他的回应。如果你因为其他事情分心了，你就减少了得到回应的机会。

- 当你在等待时，要不断地吸引孩子，保持视线的接触。在等待期间，做你需要做的事，让孩子关注你。这对有些儿童来说非常困难，可能需要移动某些东西来持续吸引他们。你可能必须移动你的身体，回到他的视线范围内。你也可能要拿着某件东西或指着某一图片，来维持他的注意力。

- 试着让学生重复你的要求或指令。虽然这不是常用的策略，但有时复述可以帮助学生加工信息，开始行动或回应。

- 决定何时重复要求。最常见的问题是："你如何知道还要等多久？"你可以从观察中得到答案。如果你发现孩子好像正在投入、处理或思考时，就可以等久一点。不过，如果他开始看起来已经分心或明显反应不正常时，就是重复指令的时机。

9. 必要时，引导或辅助学生给出回应

等待之后，你可能决定辅助他们做出回应。这有点像通过跨接启动（jump start）来发动汽车。一旦汽车的电池获得足够电力，就会运作得很好，只是在开始时可能会电力不足，这些孩子也是类似的情况。引导或辅助可以简单微妙，如下所述：

- 身体的引导：
  - 移动实物（例如：当你告诉他坐下时，稍微将椅子移至他的方向）。
  - 指着他需要看向的地方。

- 轻微移动他的头。
- 触碰他的手或手臂，轻轻移往他需要行动的方向。
- 给他一张图片或实物协助他开始。
- 以辅助来增强学生口头回应的能力：
  - 做出学生说话时嘴巴需要做出的相同动作。
  - 发出答案的起始音。
  - 先说一个半句，然后停顿让学生补充（例如你说："我要_____。"然后停顿，让他接下去）。
  - 使用某件实物、图片或其他几种选项，帮助学生想起正努力要去使用的那个词。

等待是最大的挑战，你不用急着给太多引导或辅助。在给予足够的帮助让孩子能成功参与与有足够的把握来让他尽可能独立执行之间，要取得恰当的平衡。

10. 保持互动，直到获得你期待的回应

我们生活在步调如此快速的生活状态中，总是很快地从一个活动切换到另一个活动。微波炉、快餐店、遥控器及高速运转的计算机，降低了我们对慢条斯理的容忍度。要想实现与有沟通障碍的学生的有效互动，需要改变在其他情境下的快速生活方式。太快往前冲会失掉许多可教育的时机。我们很容易忽略错误的回应、急着帮助学生，或不给出足够的时间进行完整的沟通互动。暂停下来，将每一次沟通互动都视为潜在的学习机会。在遇到某一困难情境时，放慢步调，让你可以有时间来促成改变。

- 立即改正错误，花时间引导或者告诉学生错误所在。
- 必要时改变你的沟通方式。
- 获得你需要的视觉工具来帮助学生成功。
- 在互动中提供"结束"的信息，让你和学生知道已经成功结束了。微笑、示意动作及口头鼓励，可以帮助学生认识到他的成功。

改变我们的沟通风格并不容易。观察哪些做法对学生有效。一旦你确定某些技巧可以帮助学生成为更好的参与者，要记得使用。当然，你不需要一直使用这些策略。当你学会将这些技巧融入自己的沟通时，与学生的沟通互动才会更有效。但要提醒你的是，在这清单上对你最困难的部分，可能恰恰是最能帮助学生的策略。

使用大量的示意动作来表达吧！

成为哑剧演员吧！当你要与学生沟通时，试着使用大量的示意动作来表达，教他们用这些示意动作与他人沟通。夸张些！别忘了示意动作是视觉的。让这变得有趣些吧！

· 点头表示"好"，摇头表示"不"。

· 当你要求得到某物时，伸出手来。

· 指着你所谈论的实物。

· 指着你谈到的地方。

· 耸耸肩膀表示"我不知道"。

· 将手指放在嘴唇上表示安静。

· 用夸张的面部表情表示惊讶或生气。

· 用手把耳朵捂起来表示声音太大。

· 将东西推开表示拒绝。

· 皱皱鼻子表示"恶心"或尝到不好吃的食物。

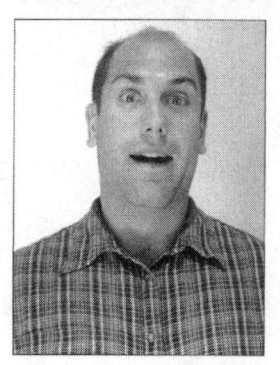

> 有时，会将手语作为沟通形式的一种教给学生。这是视觉的，有些学生能够从手语学习中获益。问题是大多数人不懂手语。对许多学生来说，手语的沟通效果不佳。学生用手语的量越多，能理解其沟通意图的人就越少。打手语需要快速动作，这使学生有时难以理解。相反，常见的示意动作则广为人知，学生可以从理解和使用常见的示意动作中获益，这种沟通方式可以被多数人理解与使用。

- 让你的脸看起来很惊讶。
- 让你的脸看起来很沮丧。
- 将手叉在腰间、双臂交叉抱于胸前或摇手指表示生气。
- 将手放在身体的某个部位表示受伤了。
- 将手放在肚子上表示饿了。
- 用力皱鼻子以确认某些东西有味道。

为了让你的示意动作达到最佳效果，别忘了这些秘诀：
- 夸大动作。
- 将你的动作保持片刻，直到引起学生的注意。
- 对学生而言，缓慢且明确的动作比快速移动的动作更容易理解。

重点：身体是非常重要的视觉工具。

- 沟通时使用示意动作，学生更容易理解。
- 学会有效使用示意动作的学生，会成为更好的沟通者。

第六章
教授七大关键的沟通技能

当然，语言是我们对学生的期待目标之一，但还有其他更关键的技能让学生成为有效的沟通者。不论学生是否会说，假若在沟通领域没有适当的能力，发展社交及实用技能仍应作为沟通训练方案的一部分。

我是语言治疗师，我受练来指导口语和语言技能。但这并不是口语或语言。

许多语言治疗师和老师没有接受过有关社交与实用技能重要性的培训，他们的原则就是试图教学生说。对这些学生而言，这样的做法如同房子还没盖地基和墙壁前，就试图盖屋顶。即使学生会说了，他们还是无法成为有效的沟通者，除非将这些技能融入他们的沟通中。

这和我过去所提供的治疗形式不同。

为 ASD 学生提供的治疗不同于其他学生。对于其他学生，他们中大多数人并不需要学习这些技能。

事实上，这是家长与治疗师会发生冲突的地方。当一方看到训练社交与实用技能的需求，而另一方依然更关注口语和语言时，就会意见相左。这是两套不同的技能，互相影响，但教法不同。这个冲突在学生出现问题行为时会变得更严重，因为很容易就认为：

> "只要他会说，就不会做出这样的行为。"

只加强口语，却不教授辅助技能，是不会达到目标的。别忘了，即使学生会说，他们仍需社交与实用技能的训练。

不论学生学到什么口语或非口语形式的东西，发展社交与实用技能仍然是沟通的基础。这些技能是成为有效沟通伙伴的基本要素，也是做出适合行为的基础。这一领域的困难是许多问题行为出现的重要原因。学生在这个领域越有能力，行为改善得就会越快，利用视觉工具来支持行为将更有效。当你考虑这些能力时，请用"视觉"思考！此清单所列的技能均可提供有力的视觉框架。

1. 参与社交

社会性交往和游戏性互动通常是孤独症学生缺失或不足的技能（其他障碍的学生在该领域的能力稍好一些）。当学生无法认识到他人作为沟通伙伴的重要性时，沟通就无法发生。学生需要认识到他人的有趣性和重要性，表现出与人交往的意愿，或至少回应他人互动的意图。

> 虽然有些中重度沟通障碍的学生在这些技能方面也可能存在不足，但孤独症学生在这方面的问题更普遍。

- 配合孩子的程度。人们经常试图以超过学生可以接受的程度展开社交互动。配合学生的程度展开互动是非常重要的。真正有趣的互动是"卸下大人的身份"，像孩子般玩乐与行动，因为游戏不只是拿出卡车和洋娃娃而已。真正的参与往往是一对一、面对面的肢体游戏或需要体力的家庭游戏，如挠痒痒游戏、躲猫猫。参与社交是沟通的基础。

2. 沟通意图

为了实现有效沟通，需要有目的的做某些事情（肢体动作或说话），来得到他人的回应或反应。孤独症和严重沟通障碍的学生在这方面往往做不好。当他们试着要他人回应时，可能无法让对方清楚地意识到他们在试图沟通。对方可能无法明白或正确地解释他们的意图。教会学生更频繁地尝试沟通是一项重要的目标。要帮助他们使用更多不同的沟通方式，使他们更容易被理解。

3. 使用自然的手势与肢体语言

在语言技能出现之前，自然的手势与肢体语言是沟通的基本要素。好的示意动作很有用，可以让学生的要求与需要得到满足。当学生能够利用示意动作适应所处环境时，许多问题行为便可避免或改善。

· 特别教导学生如何使用示意动作。

> 当斯图尔特看到有人拿着饼干时，假如他想要吃饼干，他就会看着饼干并敲头，但没有人意识到这是他表达需求的方式。虽然他试着表达沟通意图，但其他人并不理解他的意思。斯图尔特需要学习使用一些不同的沟通方式，让人们理解他正极力地提出请求，例如，通过肢体引导斯图尔特利用指、伸手或其他手势来表达需要。

> 别忘了，实用技能是那些不易察觉，却让沟通有效的技能。

> 许多语言发展较慢的学生通过使用有效的示意动作，让自己的要求与需要得到满足。孤独症学生没有这些技能，他们通常需要特别教导才会用。

- 示范如何使用手势或肢体，辅助学生使用这些技能。
- 想一想大家普遍能明白且常用的示意动作，如指向、摇头或击掌。
- 教导学生在做动作时夸张一些，让动作更容易被理解。

4. 使用各式各样的沟通方式

不论学生有没有口语，他需要有一套"完整"的沟通系统，这就意味着他必须能使用各式各样的沟通方式与他人互动，包括口语、示意动作、书面文字、照片、图片、实物，及任何能表达他们意图的方式。有效的沟通系统包含各种沟通方式。

有时候，成人非常热衷于要学生说，却不回应或支持学生使用其他的沟通方式。只关注口语的教授，却不支持其他沟通方式的发展，沟通成效往往有限。

5. 使用替代策略来让要求与需要得到满足

学生必须学习如何辨别沟通失败。如果他们试着与你沟通，而你不明白，他们必须学习其他让你理解的方法。鼓励多种形式的沟通，鼓励将示意动作或视觉工具与声音或口语结合使用。

6. 运用视觉工具改善沟通

学生必须关注你用来与他们沟通的视觉工具。教导他们运用视觉工具来获取信息，让视觉支持成为生活常规的一部分。教导学生使用视觉工具与支持，以帮助他们表达意图。视觉工具将帮助他们：

- 专心。
- 表明沟通意图。
- 了解重要的生活信息。
- 思考。
- 清楚地传达他们的信息。
- 成功地修复中断的沟通。

> 关注学生试图沟通时所使用的非口语形式，这非常重要。越专注教孩子说的人，越可能漏掉这些沟通意图。遗漏孩子许多微妙的表达意愿是很常见的。问题行为往往是在学生试着沟通却没有人回应时被引爆。

- 持续参与沟通互动。

7. 持续互动直到达成目标

当学生遇到沟通失败时，可能造成：

- 行为失控。
- 沟通意图减弱甚至消失。
- 不当的参与。

当学生不理解时，他们需要让你知道，通常他们却不知道该怎么做。如果你不理解他们，他们有了问题，就不知道该如何调整。当学生沟通无效时，他们可能不知道该怎么办。教导他们要坚持到底，鼓励他们不断尝试。这可能不太容易，但帮助学生使用各种形式，尤其是视觉形式来沟通，有助于修复中断的沟通。当学生察觉到你在试着理解时，行为失控会推迟，直到有足够的时间成功传达信息。

这个领域的沟通技能，将有效改善学生参与沟通互动的能力。学生越会使用这些辅助技能，视觉工具就越能有效地解决问题行为。

第四篇

运用视觉策略辅助沟通与解决问题行为

　　理解存在于沟通与问题行为之间的关联是寻求解决方法的第一步行为,而意识到视觉策略对辅助沟通深具价值则是关键的第二步。

　　第四篇将带你进入一段旅程,这段旅程将我们一直在讨论的问题行为、沟通及视觉策略三个部分联系起来。你会看到如何运用视觉工具和支持来改善沟通和解决问题行为。

　　将视觉工具分类有助于讨论并引导你的思考。你会很快地看到,要想完全处理好某些情境,可能需要不止一种视觉工具;你也会看到处理特殊需要不是只有一种选择。

　　最好的解决方案不会来自整齐的分类,而是要考虑如何混搭(Mix & Match)。当学生遇到困难时,你可以想到好几种方法来处理,或使用好几种工具,用来辅助解决问题的各个部分。别忘了问题行为的复杂性,寻找隐藏在各个情境中的沟通机会,你将发现针对许多问题行为的解决方案。另外,你将读到视觉工具成功改变情境的许多范例。

第七章
促进理解的视觉工具

生活充满了信息。弄清楚发生了什么事、发生在什么时候对任何人都是挑战。想想你认识的人,有些人很善于"顺应潮流",可以轻松地应对变化与紧急事件,日常工作反而让他们觉得无聊;也有些人当所处的环境太混乱时,就会变得紧张或烦躁。他们对可预期的日常工作感到愉悦,但是当突然出现意料之外的事情时就完全不行了。或许我们都喜欢生活中有些部分是例行的,让我们不用过得很辛苦。但当常规受到干扰,被混乱取代时,压力就会增加。我们习惯熟悉的常规,因为不需要经历改变所带来的压力,学生也是如此。对学生而言,问题行为常常是信息中断、转换或改变的结果,或是在不理解和困惑的时段产生的。

什么是信息中断?

当生活中可预期的常规改变了、学生不理解或不记得、对所期待的事物感到困惑时,有沟通困难的学生在这些情境中所受到的影响比

普通人要更严重。想想你的生活:

- 当邮差没有送信时,你会如何反应?这会带来麻烦吗?你会心烦吗?如果这是他第一次忘记送信或者这星期他每天都忘记送,这对你来说有差别吗?又如果今天是星期天或是假期呢?

- 当有人给你指引商店、诊所或其他你需要去的地方时,你依照指示走,最后却迷路了,你会如何反应?先想象一下这种挫折感,然后想一想你该做什么,才能到达你试着前往的地方。

这些都是信息中断的例子,发生在预期的常规有变化,或没有得到所有信息的时候。我们事先也都不知道如何处理这些情况。对我们来说,这些是偶发的独立事件,但对学生而言,他们的生活可能时常如此。

为什么这些情境对学生如此困难?

处理这些状况需要对许多沟通信息、他人的行动,以及情境发生的背景进行解读。这需要一些技能,例如,记住以往的沟通事件,并很快地将其类化到新情境中。这些技能往往是学生因自身的障碍而难以掌握的。此外,这些情境高度口语化,这又使得这些学生在最薄弱的沟通环节更加脆弱,最终导致崩溃、中断或行为爆发。不论学生以何种方式表达他的挫折,其行为表现必然激烈。

> 许多学生生活在高度压力,以及由此引起的焦虑状态下,至少在某种程度上,这种压力来自对自己的生活作息及常规的努力理解。

生活不可能完全按部就班,它总是充满变化与无法控制的情境。你如何帮助学生,使他们受信息中断的影响不至于那么大?

你无法为每一种情境做好准备,不过你可以做很多对学生有帮助的事。在你可控的范围内提供支持,减轻学生的压力。当学生的大部分生活是自在的且可预期时，他们将更有精力和忍耐力去应对挑战。以下是你可做的事：

1. **形成熟悉的生活作息方式**

如果学生一天的生活中大多数时候都是可预期的，那么他们对于非预期发生的事件就比较能容忍。应对10分钟的偶发事件，与一整天都得在混乱中挣扎，有很大的差别。

2. **用学生容易理解的方式沟通**

腾出时间，用学生容易理解的方式沟通，可避免之后花更多的时间处理学生因为不理解而爆发的问题行为。

▶ 时间表与日历

- 你使用个人记事本吗？
- 你会把信息写在便利贴上，并将其贴在明显的地方提醒自己去做吗？
- 你会把重要的事情写在日历上吗？
- 你曾经因为忘了更改日历上的记录，而赴错约吗？
- 你曾经因为忘了写在日历上，而完全忘了去赴约吗？

我随时使用个人记事本与便利贴。它们让我的生活井然有序。

大多数人都用这些方法帮助安排自己的生活。如果你熟悉这些技巧，你就能很容易理解这套方法对学生很有用。如果你曾经因为忘了用这种方法而遇到问题，你就会知道那有多受挫。

但我知道有人从未使用过这些工具，他们只是记住每件事！他们的脑袋塞得很满！

如果你是这种把每件事都记在脑海里的人，你可能不太容易理解这些学生的需求。毋庸置疑，这种需求很重要，如果学生的学习方式与你不同，你需要花更多心思去了解。

时间表和日历帮助我们知道：

- 会发生什么事？
- 不会发生什么事？
- 事情何时会发生？
- 有什么变化？
- 什么是不同的？
- 什么是我必须记住的？
- 什么是我不想忘记的？
- 什么是我必须期待的？
- 已经发生了什么？
- 其他写在上面的信息。

当学生困惑、忘记或不理解时，他的参与和行为都会快速恶化。如果学生不了解发生了什么事、在什么时候发生，他的焦虑就会增加。这些工具可以帮助我们整理想法和生活，也同样可以帮助这些学生。

如何使用时间表与日历？

★ 利用时间表告知学生现在正在进行的事

- 事件的顺序。
- 有什么变化？
- 当某件事情发生时，会期待什么样的行为？
- 重复或演练会出现的事件以及学生应该做什么。

★ 利用时间表和日历讨论未来将发生的事情
- 利用时间表和日历引导谈论未来的体验。
- 帮助学生演练如何应对即将发生的未来事件。

★ 利用时间表和日历告知学生，某件事何时将有变化或与他们的期待不同
- 为变化做准备。
- 让他们知道不会发生什么事。
- 告诉他们什么事会发生。
- 使他们确信出现变化不是什么坏事。

★ 结合时间表和日历与其他的视觉工具来演练
- 哪些事将发生？
- 哪些事不会发生？
- 谁会在那里？
- 期待的行为表现。
- 无法预期的可能性。

范例：

问题：亚伦爱打保龄球，他一整天会问很多次："去打保龄球吗？"

原因：亚伦记不住信息，他通过一再问同样的问题获取信息。那些问题也是他试图与人谈话的一种方式。

解决方法：时间表提供的是每日信息，日历则提供较长期的信息。他可以同时使用这两种工具，帮助自己理解到下次还需要等多久。他也可以使用这些工具来帮助自己与他人谈论何时再去打保龄球。此外，亚伦需要学习说些关于保龄球的其他事项，让他的话题更广。

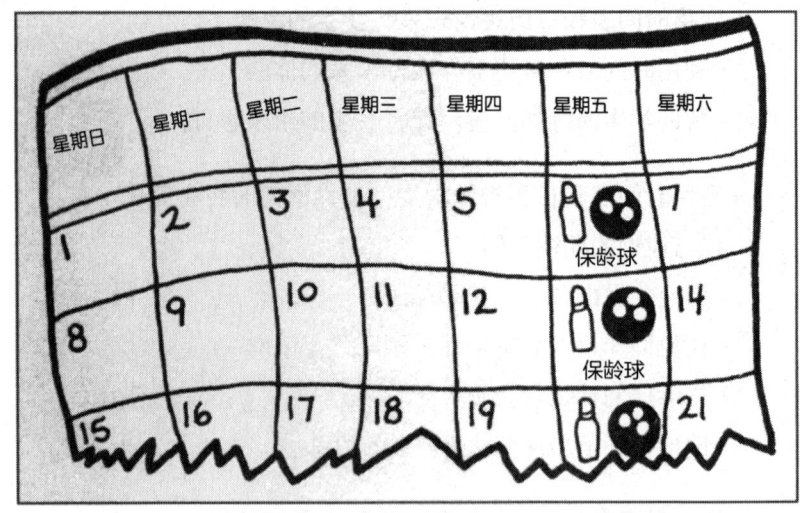

问题：阿特参加小区的就业培训项目，他喜爱他的工作且热切地渴望参与。有几天因为排班表改变了，他不能去工作场所。如果他不能去，他就会非常生气。

原因：当阿特不能去工作时，他认为自己被处罚了，因为他不了解排班表的变化。

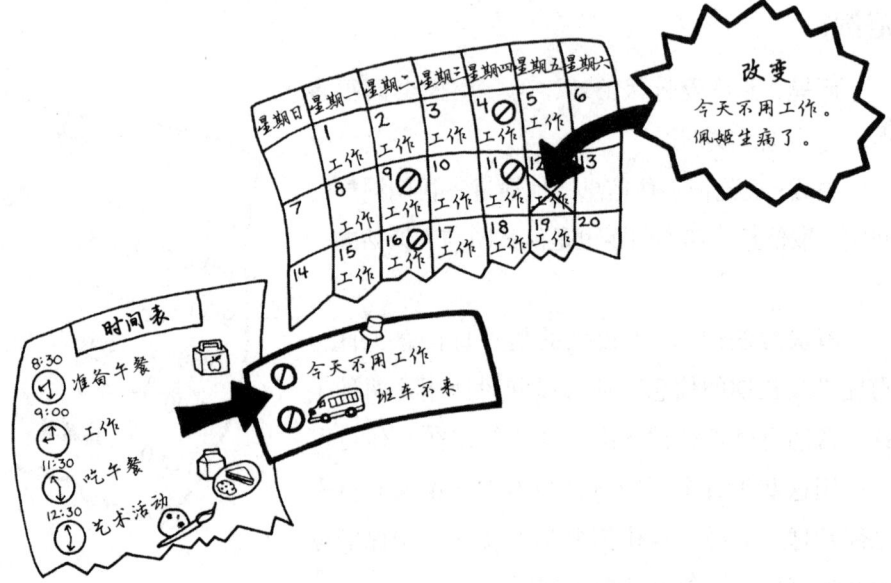

解决方法：利用时间表和日历为阿特提供工作排班表的信息，写下他需要了解的信息。

问题：蒂米从早上起床到准备上学的那段时间表现很令人头疼，妈妈必须不断地唠叨。当他应该穿好衣服去吃早餐时，他却只穿着内裤坐着看电视。他总是忘了日常梳洗。妈妈认为他已经足够大，有足够的能力独立地完成这些常规。

原因：蒂米就是记不起来，他很容易因玩具和电视而分心，他没有很好的时间概念，不知道何时该将事情完成。

解决方法：帮他制作早晨常规时间表，教导蒂米遵守时间表。利用定时器或时钟帮他持续完成任务，掌控完成的时间。同时正确测量完成任务所需的时间。让他知道如果完成了所有事情，那么在校车来接他之前，他就有时间看电视了。

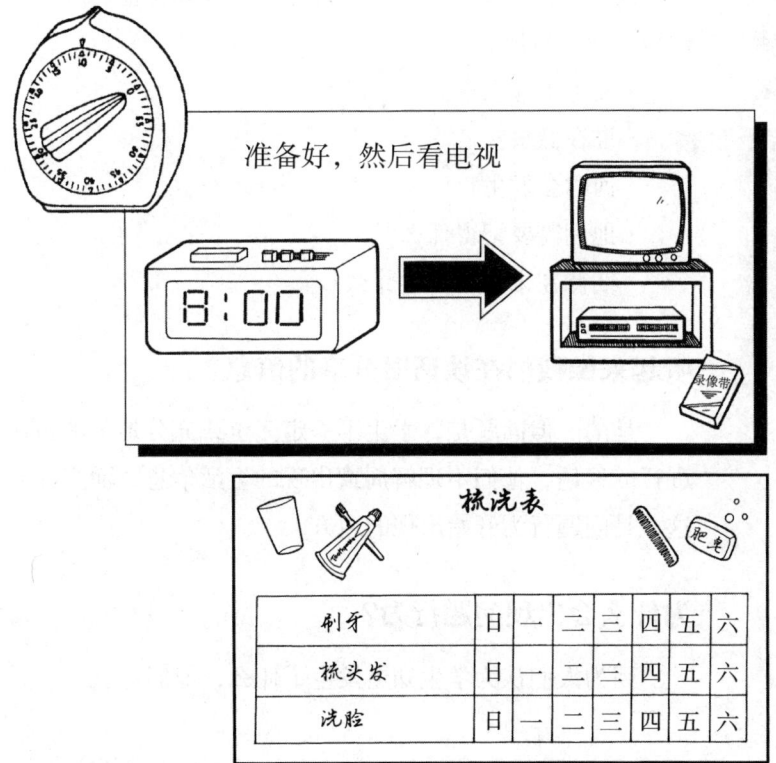

> 时间表用来告诉学生，现在的期待是什么。指导学生去哪里、做什么或拿什么东西。用时间表告诉学生发生了什么事，然后引导学生明白那是什么意思。如果学生不了解该采取什么行动，就有必要教给他时间表里的项目所代表的意思，特别是针对年龄较小或刚学习使用时间表的学生。

> 想想当你的生活无法预测时，你体验过的焦虑感。这些学生正处在持续的类似压力状态中。

> 本书大部分的视觉工具都是给学生提供信息的。如果有许多重复之处也别担心，工具的功能和目的才是最重要的。

重点：时间表和日历可以：
- 为学生提供生活信息。
- 让学生准备面对即将发生或不会发生的事。
- 减少意料之外的事所带来的焦虑，特别是在过渡期。
- 协助学生理解何时事情已经完成或结束。
- 辅助沟通和谈话。
- 为适当行为和参与的出现提供结构化环境。

▶ 用来提供生活信息的工具

我们最常以口语的方式给学生提供信息，我们告诉他们需要知道的事。可惜的是，听觉不是他们最有效的理解方式。

你谈论的是哪一种信息？

任何信息。想一想我们告诉过学生并期待他们理解和记得的所有事情。
- 发生了什么事？
- 谁在做事？
- 何时会发生？
- 他们需要记得什么？
- 期待在未来会发生什么？

听起来像我们在谈话时分享的信息？

是的。但问题是，学生不一定完全或充分地理解正在进行的谈话，他们不理解周遭出现的生活信息，而实际上这正是问题行为开始出现的地方。

为什么会出现问题行为？

因为人们认为学生知道发生了什么，他们：

- 假设学生的理解方式和其他人一样。
- 认定学生理解进行中的谈话与常规。
- 期待学生记得之前给他提供过的信息。

更糟的是人们：

- 认为告诉学生是不重要的。
- 认定学生不会理解。
- 不去了解学生的行为可能与他不理解有关。

> 有时成人只是忘记与学生沟通，特别是当学生没有口语或沟通能力有限的时候。由于学生不说，成人也就忘了告诉他们。

问题行为的出现是因为学生所期待的与实际所发生的不同。好好琢磨这一说法。学生一般并非有意使坏，但在他们看来，生活中确实有太多令人惊讶之处。他们因缺乏充分的沟通技能而无法获得理解所需的信息，他们利用过去所理解或记得的事去回应当下的情境。当这些都不管用时，他们就用尽所有的方法，试图控制些什么。这也是为什么他们坚持做可预期的常规而抗拒改变。因此，理解正在发生的事，对他们来说，是成功应对生活中种种挑战的关键所在。

你建议如何分享更多的信息？

想一想你习惯在对话中分享的事物，然后考虑让你的对话更可视化。时间表和日历提供了大部分的生活信息，而谈话则可以填补其中的细节。

你的意思是我必须有所说东西的图片吗？

没那么糟！你要分享多少信息以及如何做，根据学生的年龄与能力决定。年幼与功能较低的学生理解信息的多少，不同于年长与功能较高的学生。重要的是你分享的信息的量，需要符合学生的需求与理解力。在信息提供上，过犹不及是个问题。应当以学生能理解的形式，为他们提供想要与需要知道的信息。看看下面的范例。

范例：

问题：妈妈要去超市，杰弟正在玩他最爱的电动游戏。妈妈知道现在要杰弟跟她走得经过一番挣扎，她知道他在转换情境上有困难。

原因：妈妈没有让杰弟做好准备去进行她要做的事。她走过去关掉电动游戏，并告诉杰弟要去超市，杰弟抗拒不从。为什么？这不难想出原因。首先，他正在享受他最爱的游戏。其次，他真的不知道离开他最爱的活动后会发生什么事，他不知道他要去哪里、会发生什么事或何时他可以再玩电动游戏。

解决方法：妈妈需要提前做好准备，可以选择以下方式，让这一情境的挑战变小：

1. 在每日时间表或日历上标明要逛超市这一事项。
2. 利用卡片告诉杰弟何时去。
3. 给杰弟看超市的图片，让他知道你会在那里做些什么或买些什么。
4. 让他帮忙准备购物清单。
5. 写小故事，告诉杰弟将要发生的事。
6. 设定时器来让他准备，让他知道再过 5 或 10 分钟或者当定时器响起时，就得出门。
7. 制作"去超市"的常规，以视觉方式告知他，准备出门去超市所需的步骤。

提前做好计划，让杰弟对出门购物有所准备，难道这不会花很多时间吗？

是的，这会花些时间，但这比处理出现的问题行为所

---

①编注：此为美国著名的零售商品牌，读者可根据需要，将其替换成熟悉的品牌。
②③④⑤⑥编注：这些都是在美国很受孩子欢迎的零食外包装，读者可根据需要，将其替换成孩子喜爱的零食外包装。

花的时间来得少。妈妈不必将以上所列的所有方式都试一遍，这些只是建议而已，实际上妈妈也可以再想些其他方法。为了让这件事顺利进行，妈妈需要：

- 预先想一想。
- 开始收集协助学生转换情境的视觉工具以便随时使用。（一旦你开始收集视觉工具，就要把它们保存好以便重复使用。）
- 使用视觉工具给杰弟提供信息，而不只是告诉他。

重点：妈妈需要以杰弟能够理解的方式提供信息，让他为逛街购物做好准备。

> 对于较年幼的孩子，可以采用非常简单的方式，即使用两张图片：一张是他现在正在做的事，另一张则是你们要去的地方。把"不"的符号放在他目前所做事情的图片上，或把图片翻过去。然后给他看你们接下来要做的事，当你们即将开始下一个活动时，把图片交给他，让他拿着。

问题：凯文非常兴奋，因为他刚在生日时收到20美元，他表示要去超市消费。爸爸知道当他们到超市时，凯文会闹着要买比他的钱高出许多的昂贵的电动游戏。

原因：凯文不理解金钱的概念。你在家告诉他什么可以买或什么不能买，他不理解也记不得，这对他在超市里并没有帮助。一旦他看到那些昂贵的游戏，就会失去控制。爸爸想要凯文体验购物的过程，但他不太确定该如何处理这个潜在的问题。

解决方法：事先让凯文为购物做好准备，爸爸可以试试下列方式：

> 制作大量图片及其他视觉工具来辅助你的沟通。可以用档案盒、三孔文件夹、口袋型相册及其他收纳工具将这些图片和视觉工具分类保存好。冰箱上的磁铁也是很方便的收纳工具。这样，你就能总是知道它们在哪里。你不需要立即拥有所有的东西，让你的收藏随着不同的需求而增加。

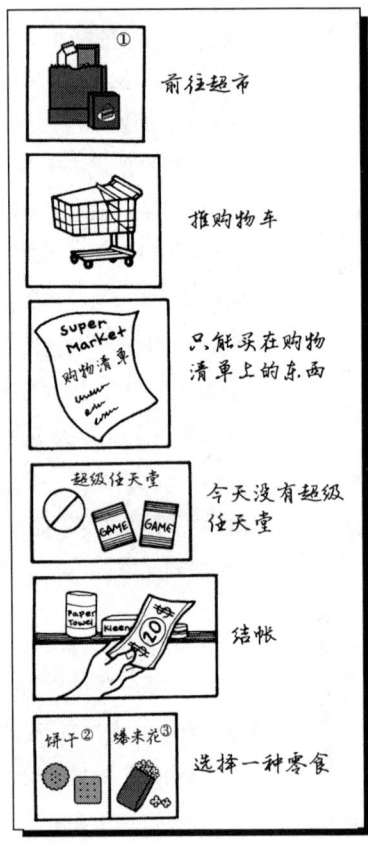

1. 与凯文一起准备购物清单。
2. 给凯文看看，到超市时可以有哪些选择。
3. 给凯文看今天不会发生什么事（今天没有电动游戏）。
4. 制作时间表，告诉他今天在超市要做些什么事，所以没有时间去电动游戏那边。
5. 写故事告诉凯文会发生什么事。

爸爸可以挨个尝试或组合所有点子，但关键在于按照视觉信息完成任务。如果爸爸给凯文的图卡说"不看电动游戏"，那么他就不能带凯文去看电动游戏。如果规则是"今天不买电动游戏"，那么即使凯文闹脾气爸爸也最好不要买。爸爸必须按照图卡上所说的采取行动，否则凯文会感到困惑，也不理解视觉支持背后的真正意义。即使凯文今天心情不好，也必须严格遵守这个规则。如此，下次他就学会了。

如果爸爸预料凯文到超市会闹脾气，他应该事先计划，以备不时之需。例如：

·使用各种视觉工具，以解释情境的不同之处。

·做好计划，缩短待在超市的时间。今天可能无法慢慢逛或买其他东西。

·在去完超市之后，安排一些凯文极度渴望的活动，如此就有理由赶快买好离开。当然，要备好视觉工具，以便让凯文知道接下来到底是去哪里做什么。

重点：利用视觉的方式提供信息，可以帮助凯文理解什么事会发生，而什么事不会发生。

---

①②③声明：The Picture Communication Symbols © 1981–2016 by Mayer–Johnson LLC are used under contractual agreement. All rights reserved worldwide.

问题： 贾森开始练习在自助餐厅买午餐。第一天他出现了好几种问题行为，包括：尖叫、咬手、拍打食物周围的玻璃、把餐盘推离餐桌以及其他几种类似的行为。

原因： 贾森不喜欢厨师放在他餐盘上的食物，他表示抗议。然而，他回应的策略是不合适的，他不明白可以不吃这些食物。

解决方法： 首先，必须确定贾森是否可以选择放什么食物在餐盘上。

如果贾森可以选择：

· 先给他看菜单，让他了解可供选择的菜品。

· 协助他学习如何正确地提出要求。

· 教导他使用可接受的方式（例如："不，谢谢！"）拒绝不想要的东西。

如果供餐无法为个别选择做调整，那么：

· 他需要学习接受所提供的食物。

· 他需要学习如何处理他不要或不喜欢的食物。

重点： 贾森面临每天都可能出现困难的情境，他需要信息来协助他去明确要期待什么，以及如何处理情境。

问题：斯泰茜的妈妈带她去医院做检查，斯泰茜开始哭泣，咬自己的手腕。她不断地尖叫"不要打针"，并用拳头敲打自己的头。她的行为愈来愈激烈，妈妈很难将她带到车上。

原因：即使妈妈告诉斯泰茜，这次不会打针，斯泰茜还是很紧张，因为她记得上次的经历。她记得上次看医生时挨了一针，很痛。这是一段可怕与痛苦的回忆，但她却没有足够的语言来表达。因此，她用抗议与哭闹来表达恐惧。

解决方法：为斯泰茜提供足够的相关信息，帮助她对此事件产生预期；帮助她学习更多的词汇以表达自己的感受，从而避免极端的恐惧反应。有几种方法可以处理这种情境。

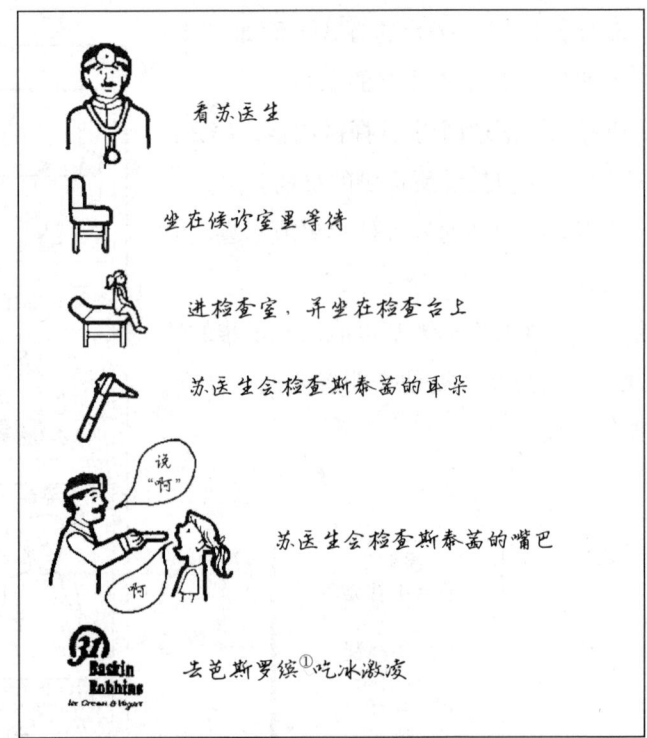

①编注：芭斯罗缤（Baskin-Robbins）是全球最大的冰激凌经销商之一，也是世界上最大的冰激凌专业连锁。读者可根据需要将其替换成孩子熟悉的品牌。

为斯泰茜提供将发生什么事的信息
· 用口语及视觉方式告诉她要去哪里。
· 让她知道事件的顺序。
· 为她提供什么事会发生和不会发生的信息。

用斯泰茜可以不断复述且具有宽慰作用的语句给出信息，辅以视觉工具：

拿着图片并重复语句，帮助学生把注意力集中在一些积极的事情上，这也是帮助学生自己调整行为的方法。

"去看医生没关系。"

"医生很风趣。"

"医生的帮忙会让斯泰茜觉得更舒服些。"

"今天不打针。"

"护士小姐会给斯泰茜棒棒糖。"

记录：

写下这些语句将有助于斯泰茜记住并练习。当为了让她准备好去看医生而复述这些语句时，斯泰茜也会学会这样使用这些脚本。即使她只是记住或单纯重复这些脚本，这也为和她谈论这种情境提供了突破口；即使斯泰茜只是不断重复其中的某个语句，这也为她提供了表达这种情境的合适方式。

> 因为斯泰茜习惯重复你所说的语句，就试着把信息说成适合她重复的形式。使用代词会造成许多困惑，如果学生能够适当地使用人称代词（我、我的……），那么你就可以使用。如果学生仍然不太熟悉这一项语言技能，就用她的名字来避免混淆。

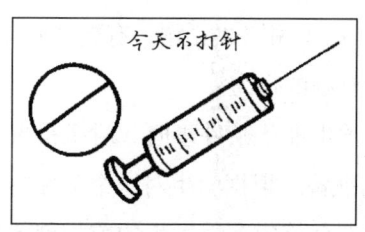

提供可以说或做的事情选项：

当遇到下列情境时，试着给斯泰茜提供其他可以说或可以做的事情清单。

在医生办公室我可以做的事：
- 握住妈妈的手。
- 看书。
- 说："我很紧张。"
- 想想美人鱼录像带。
- 做 5 个深呼吸。
- 说："今天不打针。"
- 说："不会有问题的。"

如果她真的需要打针，试着提供特定的信息：

- "医生在打针时，斯泰茜可以抱着她自己的毯子。"
- "打针只会痛一下，斯泰茜说：'哎哟！我不喜欢。'然后就打完了。接下来我们就可以去吃冰激凌了。"

理论上，当斯泰茜复述上述各种脚本或跟你阅读这些信息时，她将开始吸收或接收那些工具所表达的态度。这些选择的任意组合，都可以帮助斯泰茜更加清楚发生了什么事和学习更多与事件相关的话语。有更多东西可以说，使斯泰茜有机会调整她的行为。

备注： 为学生准备某件事时，时机很重要。你需要给学生多少时间准备，根据学生对这个事件的看法而定。

- 有时成人会等到事情发生的前一刻才告诉学生。在某些情况下这样的方式是好的，因为学生可能会焦虑且固着在这个主题上。在等待期间，他们的行为可能会因焦虑而变得越来越糟糕。

- 有些学生需要更多时间处理信息，以做好面对准备。他们能从多次的对话中以及在脑海里演练这件事的过程中获益。一定得为这样的学生提供足够的准备时间。别忘了，准备时间也是非常好的沟通训练时间。

重点：利用视觉工具给学生提供信息是做准备的一种方法。首先，我们必须记得给他们提供信息，并且需要用他们容易理解的方式。当学生理解了正在发生什么事时，他们更可能成功参与。

第八章
协助学生掌控环境的策略

沟通发展的最重要阶段之一，是孩子能够有目的地掌控环境。他们需要学习两个关键技能：

·如何清楚表达他们不喜欢的事物。
·怎么做才能让你知道他们真正想要的事物。

学会用词汇和其他沟通技能来表达需求，会表达"不"这个讨厌的字眼，这些都是了不起的成就。在普通儿童的发展中，"恐怖的两岁"阶段就展现了这种对抗状态的极致，以获得控制环境的力量。

孩子如何明白沟通的威力？

经过不断摸索，孩子开始知道什么行得通。他们试着用许多沟通形式来达到目的。孩子尝试将示意动作、语言及行为组合起来进行沟通。当他得到了想要的，他就记住该怎样做才能达到目的。然后，下一次有需求时，他会更得体地使用上次的策略。因而，习惯于顺从或互动的孩子好像突然之间变了，他们好像真正学会了如何让你知道他们不想要什么！这个阶段的孩子让父母十分头疼。

沟通困难的孩子能否完成这个阶段的发展？

他们中的大多数都可以，但有些差异。明显的差异之一是发展阶段的时机。当孩子的沟通技能发展迟缓时，他们无法达到这个"力量取得"的阶段，得等到 3 岁、4 岁、7 岁，或年龄更大的时候。出现在 2 岁以上学生身上的问题行为，其实有可能是沟通发展的新阶段。当这些孩子闹脾气时，父母形容他们的行为是令人讨厌的、顽固的、倔强的或任性的。这非但不是"坏"，反而是他们正在试图掌握一些新的沟通技能。

如果这些学生正在发展更多沟通技能，为什么他们的行为表现却越来越糟？

别忘了，我们说过孩子会用不同的沟通形式做实验——他们试着使用所有曾经成功达到目标的方法——即使是闹脾气。沟通障碍的学生可能无法用最有效或适合的沟通形式来满足需求，也不会用与普通学生相同的形式。但其中有些被孩子当作沟通方式的不当行为，竟然也会获得周围人们的奖励或回应，这样便可能导致他们的行为表现越来越糟。

为什么人们会奖励不适合的行为？

因为他们没有意识到自己的行为背离了目的。事实上，他们可能强化了他们原本要制止的问题行为。这里有两个例子：

- 贝萨妮开始抓饼干，妈妈拿走饼干时，对她说："晚餐前不能吃饼干。"贝萨妮开始闹脾气。她在地板上放声大哭，四肢不停地挥舞。妈妈试着阻止她，却增强了贝萨妮的反抗。此时，妈妈认为唯一可以停止这种哭闹情况的办法，就是给贝萨妮一片饼干。如此一来，下一次，当贝萨妮想要吃饼干时，你猜她会使用什么策略来得到饼干？
- 贾森跑向大人，用拳头捶他们的背。当他不断捶打时，大人会把他抓起来放在腿上，紧紧地抱住他以制止他的攻击。他们开始注意到贾森很喜欢这样的拥抱，或许这是贾森想要的拥抱。最后大家认定他的捶打可能不是一种攻击形式，而是要求拥抱的不当表达。一旦教会贾森以伸出手臂这种较常见的方式请求大人拥抱，捶打的习惯就减少了。

这是学生以不适当的方法表达要求的两个例子。他们所使用的表达形式，不是寻常的、被期待或被喜爱的形式；而大人对这些沟通意图的回应，实际上也强化或鼓励了这些不当的沟通与行为。

对于帮助这些学生改善沟通，使其学会更适宜地掌控环境，你有何建议？

孩子希望让我们知道他们想要什么，但是他们使用的策略可能不是最适合或最有效的。学生需要学习用适合的方式来表达他们的要求和需要。普通学生似乎不需要指导就能自然地学会这些技巧，但是我们方案中的学生可能需要特别的教导才能学会。要教授的重要技能包括：

- 选择。
- 请求。
- 以适合的策略拒绝他们不想要的。
- 与人协商的语言和技能。

让我们来探索如何教授这些技能。

> 我们的生活充满各种选择的机会，但年幼孩子的父母往往难以意识到，给予孩子这类机会，使他们变得更独立是多么地必要。例如，在点心时间，有些父母觉得给孩子那么多自主权会宠坏他们，有些父母则认为这是他们与孩子在一起时，真正令他们感觉到成功的领域，这是他们能真正成功地与孩子相处的领域。相对于一天中其他更受挫折的时候，给他们东西吃至少是行得通的。不论是针对什么主题，必须承认的是，让孩子做选择为教导沟通提供了很好的机会。

▶ 选择和要求

做选择是沟通障碍或开始发展沟通技能的学生需要学习的最基本技能之一。这是早期训练很好的起点，理由如下：

- 孩子对很想要的选择会特别专注。
- 建构做决定的互动情境相当容易。
- 呈现选项，激起学生参与的欲望。
- 如果某个选项是学生很想要的，他们就会产生强烈的沟通动机。
- 被动型的学生更有可能表现出参加的渴望。
- 为了能得到想要的东西，学生会更努力地保持互动。
- 利用学生极度想要的选择，对他们的努力进行立即强化。
- 学生有机会掌控他们得到的。
- 比起不常使用的技能，这个可以一天练习多次，学生学得更快。
- 大人可以为可行的选项创设结构化环境。

有些人认为给学生选择不是个好主意，为什么人们不想给他们选择呢？

- 成人担心会失去掌控，尤其是对难以管教的孩子。
- 害怕给学生选择会让他们变得蛮横跋扈、好指使他人或不受约束。担心学生成为主事的人。
- 成人害怕失去权力，学生不再"在乎"成人了。
- 成人认为他们已经知道孩子想要什么了。
- 成人可能认为不给孩子选择，事情会更容易些。
- 学生可能做出不可行或不适合的选择。
- 学生所做的选择可能不是他们真正想要的，结果却造成了问题行为。
- 害怕学生会做出成人不赞同的选择。
- 成人担忧学生无法做出对自己有利的选择。
- 人们可能认为学生太年轻、功能太低、尚未准备好，以及其他不能胜任的理由。
- 或许没有人想到要试着给学生选择。

你建议让学生做选择吗？

尽管有些人担心，但是给学生选择的机会是鼓励合作和积极参与的重要策略，这是孩子开始学习有权力掌控生活事件的方法。这为以适合的方式进行沟通创造了很强的动机，也教导学生要用更易被接受的方式来取代不适合的行为以得到自己所要的。

让学生做选择，应该多久一次呢？难道没有某一个时刻是他们无论如何都该遵守要求和规则的吗？

当然有！这不是说生活中的每件事都具有选择性。有时候也会有没有选择的时候，因为不是每件事都能协商。智者了解这当中的差异。

做选择如何帮助改善行为情境？

有两种方式：
- 很多时候争执或行为失控的发生，是因为孩子刚出现掌控周围事物的能力，但没有达到成功沟通的程度。提供选择有时可以避免冲突或反抗，只提供单一选择，可能不如提供多种选择令学生满意。
- 有时学生无法得到他想要的或做他想做的，提供选择能够巧妙地避免争执，使他更容易转换到替代的活动中。

提供选择权可以给予学生参与的机会。身为沟通伙伴,我们该如何回应这些情境,帮助学生发展更有效的技能?让我们看一些例子:

范例:

问题:记得前面曾提到贝萨妮因为想要饼干而闹脾气吗?她清楚地向妈妈表达她想要的,但妈妈并不想让她在晚餐前吃饼干。

原因:因为孩子的饥饿感与晚餐时间不一定正好吻合,很可能贝萨妮就是饿了。但她不知道还要等多久才能吃晚餐,她也可能不懂等待的概念。她的饥饿感可能很迫切,而她所知的唯一做法是试着去满足饥饿感。

两种食物选项

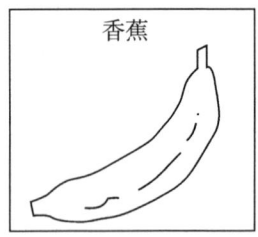
香蕉

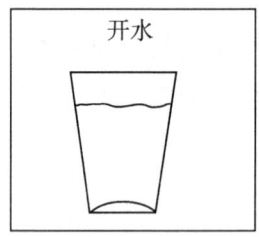
开水

解决方法:即使妈妈想要贝萨妮等到晚餐才吃,但是在这段时间内忍耐她的发脾气行为也是一种折磨。妈妈可以让贝萨妮选择一样比较适合在晚餐前吃的点心,如水果或蔬菜、一杯开水或晚餐的前半部分。如果妈妈只给贝萨妮一样食物,她可能会接受,也可能不接受。如果贝萨妮已经决定要饼干,她也许不会轻易放弃,给她两三样食物做选择才更能安抚她。另一种策略是,妈妈可以通过视觉方式向贝萨妮表明,晚餐后她就可以吃饼干。很多时候,当学生有其他选择时,会放弃当下的要求。告诉她何时可以得到她想要的,帮助她接受当时的情况。

问题:乔伊正学习自主地告诉老师他要上洗手间。每次他提出上厕所的要求

时，其中一位老师就会陪他穿过大厅到那里。他们发现乔伊越来越频繁地要求上洗手间。此外，他们还注意到乔伊常常不是真的需要上厕所。他们开始怀疑，如果他不需要上厕所，为什么会不断提出去那里的要求呢？

原因：聪明的观察者开始注意到乔伊似乎非常喜欢穿过大厅。他将这段距离视为散步，东看西瞧，边走边聊，感到很愉悦。于是出现了这样的假设：乔伊提出上洗手间的要求，并非是他真的要上厕所，而是想去散步，这是他知道的唯一可以达到目的的方法。

解决方法：老师决定把散步当作乔伊做完功课后可选择的活动之一。一旦乔伊有其他途径可以选择去散步，上厕所的要求便减少到确实需要的次数。而散步选项，也成为乔伊完成功课时最喜欢的奖励。

问题：辛迪是一位不愿与人合作的学生。每次她的助教尝试与她坐在一起做规划好的、老师交代的功课，辛迪的抗议就会变得极其直接，而且十分强烈。她有很多抓伤和打伤人的记录。然而，辛迪也有她喜欢的活动，她可以沉浸在这些活动中很长时间。

原因：不论要求辛迪做什么，她自有一套抗议的行为模式，这与你要求她做什么无关。

解决方法第一步：首要目标是和辛迪一起创设积极的"任务时段"。在选择板上列出几项辛迪非常喜欢的活动，给辛迪提供机会让她选择想做的活动。然后，在结构化的环境中，引导她根据自己所排定的活动按顺序进行。当然，她很渴望完成这些活动，因为这些都是她自己选择的。因为这个结构化时段是从激发辛迪动机的角度规划的，所以辛迪配合度提高了。

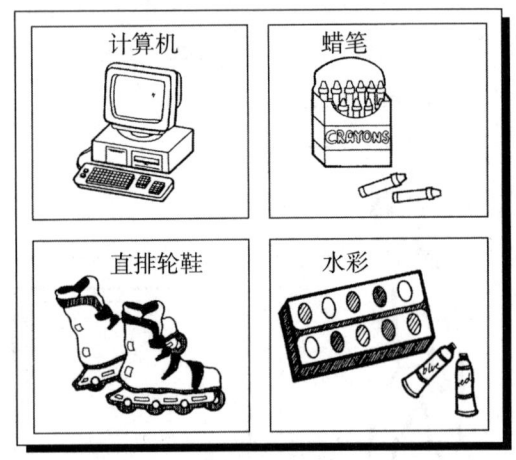

解决方法第二步：提升辛迪的参与度后，老师便将辛迪所选择的活动当作奖励。老师先选择一项活动，然后辛迪可以选她喜爱的奖励活动接替。老师开始加入更多她想要辛迪参与的工作。当辛迪知道在这之后可以做自己所选择的活动时，就变得更加能够接受老师所加入的项目了。刚引入老师指定的活动时，时间可以很短。在辛迪的配合度提高后，老师指定的活动时间也跟着延长了。最后，老师改变顺序，于是辛迪必须参与老师指定的两项活动后，才能选择她想做的活动——你可能会说这是"贿赂"！但借此，辛迪可以选择自己喜爱的活动，作为配合的奖励。

问题：杰拉尔德是那种被动、对事情都不在乎、没有很多要求的学生。他的老师决定通过提供选择食物的方式，增加他的主动性和参与度。他喜欢吃且不挑食，他似乎对老师给的任何点心都很满意。假如老师给他两种食物做选择，他会伸手试着两样都拿。

原因：老师觉得杰拉尔德只是伸手抓，并没有看或留意他拿的是什么。既然他什么都吃，也就不在意他抓到了什么，只要是食物就好。老师面临的挑战是如何让杰拉尔德越来越留意，以便做出经过考虑的选择。

解决方法：老师决定改变提供的选项。假如她给杰拉尔德提供了两种食物选项，他确实不在意可以得到哪一种，他对两种选项没有特别的偏好。因此，老师决定换成可吃和不可吃的项目，不可吃的项目一定是杰拉尔德不感兴趣的，这使得他不得不更留心。当他伸手抓到的不是食物时，他意识到那东西不能填饱肚子，他就开始更注意看以便确定拿到的是食物。

教导学生理解做选择或要求的意思。

听了"做选择"的讨论后,妈妈很兴奋地要与贾森尝试这种新观念。他们去了一家菜单上有很多图片的餐馆。以往妈妈会直接为贾森点餐,这一次,妈妈花时间陪贾森一起看菜单上的图片,问他午餐想吃什么,贾森指着意大利面的图片。当食物上桌时,贾森看了看他的意大利面,然后瞄上了妈妈点的薯条。他一直拿妈妈的薯条,一点都不碰意大利面。此时,妈妈准备放弃给贾森选择的权利,因为贾森点了自己不想吃的食物。

为什么妈妈给贾森选择却行不通?

妈妈并没有教导他做选择意味着什么。如果做选择对贾森而言是新技能,他必须理解选择的结果是什么。想想那些理解和困惑,也是学习做选择的一部分。

- 当选择某样东西时,这表示会得到所选择的。
- 当选择一样东西时,就表示拒绝了其他的选项?
- 这表示你"坚持"自己的选择?
- 可否有一个以上的选择?
- 可否选两个或全部都选?
- 做选择后,可否改变主意?
- 如果选择某样东西后,发现它并非是自己想要的,那会怎样?
- 做了选择后,却因某些理由不喜欢,又会怎样?
- 如果发现其他东西比自己选的更好,可否改变主意重选?
- 什么时候可再提出请求或重新选择?
- 什么时候只有一次机会?

我不认为做选择如此复杂!

对有些学生来说并不复杂,他们只要"知道",便能够理解，但是有些学生却觉得很难。即使做选择看起来简单，但是对不具有沟通理解力或语言技能、无法掌握规则的学生而言，做选择仍然令人格外困惑。身为成人的我们，可以理解所有随着特定情境而改变的规则。但学生不一定理解这些"潜规则"。想想那些可能在学生脑海里持续出现的困惑。

- 为什么有时候我可以选所有的，但有时却被限制只能选一样？（在家他们让我有很多选择，但到了餐厅他们只让我选一种。）
- 有时候我可以改变我的主意，有时候却又不行。
- 为什么图片和实物看起来不一样？
- 为什么他们不明白因为这食物尝起来跟平常不一样，所以我不想吃（或者因为加了香菜，或者因为烹调的方式不同）？
- 为什么当我再选豌豆时，你就给我。但是当我想再选饼干时，你就不给？
- 你让我做选择，可是你都不给我机会选我真正想要的。

教导做选择的技巧。

虽然有些学生能够很自然地理解什么是做选择，但也有一些学生需要特别指导。

1. 利用视觉选择

以看得见的方式让学生知道有哪些选择。与非常年幼的孩子、功能较低或刚开始学习选择技能的学生进行活动时，在初始教学时使用实物比较有效。实物、图片或书面文字适合容易理解这些形式的学生。可以使用学生能理解的任何形式。

2. 从二选一开始

将选择呈现在学生面前，问学生："你要苹果还是香

想一想，你如何在喜爱的冰激凌店浏览、选择。即使你最喜欢的是香草口味，你是不是会看看所有选项，确认还有什么其他口味？即使你最后点了香草冰激凌，你还是会因为有机会看到其他口味，而感到心满意足。"喔！等一下。有巧克力奶油混合莱姆坚果和樱桃冰激凌哦！取消刚才所点的，我改变主意了！"

学生有时非常喜欢重复他们的选择。也许他们只喜欢一样东西，但另一个可能是他们不知道其他选择是什么，他可能不理解做选择的意思。事实上，他们可能认为每次都必须选同样的东西。有一个方法可以测试学生是否总是选同样的东西。确定选项都是看得见的，如图片、实物等。

第一次，让他选最喜欢的项目，之后要再选时，不提供第一次的选项。盖起来、翻面、

蕉？"当你说出每个选项时，将物品移到孩子面前或拿出一些，强调你所说的。

3. 鼓励孩子表达他的选择

明确你希望学生做选择时所使用的沟通形式，要鼓励学生结合能力所及的全部沟通方式。你可能需要鼓励学生：

- 碰触或指出他的选择。
- 让他把选择的图片交给你。
- 结合示意动作、图片与口语或文字。

别激怒孩子。若你所期待的沟通方式对孩子来说太难，实际上问题行为会更严重。刚开始时，你可能需要接受他们做选择的方式。当他们学会了选择的过程时，你可以逐步地期待他们以更复杂的沟通形式进行选择。

在教导学生表达他们的选择时，逐步地教学生使用不同的形式提出要求或做选择。如果你只教一种形式，就很难把技能泛化到无法完全掌控的现实生活情境中。

4. 给学生他所选的

5. 移走或移除未被选上的项目

得到所选的东西令人满足。有时，学生不理解选了某一样就表示放弃了其他项目，所以移走或移除其他项目，可以清楚表明这个概念。

> 另一种方法是把焦点放在教导学生主动表达要求上。教他通过拿给你一张图片，来提出他想要某东西的请求。步骤如下：
> - 在你的面前放置，或你手里握着学生非常想要的物品或食物。
> - 在学生面前放置这个物品的图片。
> - 用一些方法示范，请学生将图片交给你以取得该物品。

移到碰不到的位置或用其他策略，表明那个项目已被使用、用完或者没有了。然后，建议他从剩下的项目中做选择。按照这样的程序，直到所有的选项都被试过。

有些学生不懂在做选择时所拥有的选择权，他们将其理解为标记活动。这偶尔发生在要花相当多时间学习如何命名图片或实物的学生身上。当他们看到选项时，就将项目标记，并没有意识到他们正在做选择，且将获得自己所标记的东西。因此，他们所说的未必是真正想要的。他们似乎不懂标记与要求在功能上的差异。除此之外，他们可能不了解做选择含有排他的性质，即选择一样东西便意味着排斥其他的选择。

> - 一旦学生理解可以用图片换取物品，就表示他已获得一项强有力的技能来得到想要的。
> - 学习将这项技能泛化到其他情境中来要求其他选择。
>
> "图片交换沟通系统"（PECS）详细列出了教导学生表达要求的顺序（Frost, 1996）。这个系统对不擅长主动沟通的学生成效特别显著，能教会他们清楚地表达沟通意图。

不论你用哪种方法教导学生表达要求或做选择，关键是：

- 利用这个机会教导和加强沟通意图。
- 鼓励学生与你进行目光接触，朝向你的身体方位。
- 不鼓励抓取，长远而言，这是不被接受的技能。

除了食物，学生还可以选什么？

给学生最普遍的选择是食物类的。别忘了！一天当中有很多机会可以做选择。让学生选择：

- 想穿哪件衣服？
- 想听哪张 CD？
- 想看哪卷录像带？
- 想去哪家餐厅？
- 想坐哪个座位？
- 想和谁走在一起？
- 想买哪种麦片？
- 想用哪条毛巾？

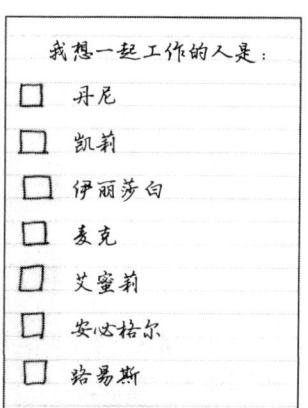

烹调①

---

①编注："烹调"主题下包含的四幅图片均为美国几种常见食品的外包装，读者可根据需要，将其进行替换。

- 想用哪种计算机程序？
- 想做哪种食物？
- 想做什么工作？
- 其他。

在学生的生活中，有无数的机会可以提要求与做选择。对多数的学生而言，食物是很好的强化物，所以人们普遍都从与食物相关的活动开始教授这项技能。一旦学生学会在与食物相关的活动中练习这种技能，就有机会将这项技能运用在其他生活情境中。但请记住，除非在不同的情境中进行特别教导，否则学生可能无法将技能泛化到其他要求或需要上。

| 和小狗玩 | 去祖母家 | 乘车兜风 |

给学生选择，并允许他们提出要求，真的那么重要吗？

> 当学生出现不适当的行为或因某事大发脾气时，为他提供一些替代性的选择是有效的方法。给他选择其他事物的机会，可以制止不当行为。

显然是的！这项技能明显影响行为。把做选择纳入学生的生活中是教导沟通并且避免问题行为的好方法。当学生有良好的沟通技能时，大人甚至不必询问，他们就能表达自己的选择与喜好。当他们无法沟通时，大人会忘记给他们提供机会。往往，学生的要求与需要可能会被指定或预设好，这样他就没有太多机会掌控自己的环境了。

这样的情形经常出现在学校的午餐时间。学生坐在摆着一堆食物的午餐盒前，却一口也不吃，坐在旁边的同学则吃着令人垂涎的食物。结果导致下述看起来像是问题行为：

- 他老是想要拿其他孩子的食物。
- 他乱丢食物。
- 午餐时他不吃，然后整个下午执意要吃点心。

口语较好的孩子会跟妈妈抱怨午餐盒里的食物，或是与同学商量交换食物。

重点：教学生提出要求和做选择，让他们更能掌控生活，因而减少问题行为。做选择有助于：

- 提高注意力。
- 促进沟通。
- 满足学生真正想要或要求的。
- 增加词汇。
- 在沟通互动中促进主动参与。
- 减少行为困扰。
- 当学生有问题时，分散其注意。

> **吃喝之争**
>
> 有些学生需要从非常基础的水平开始训练。为了尝试给这些学生较为简单的课题，有些老师决定分"吃"和"喝"两种选择。他们认为这些选项对学生而言最简单。但想一想：能力受限的学生如何理解吃和喝的差异？从学生的角度来看，吃与喝的食物全都进到了嘴里。区分固体与液体是相当高级、抽象的技能。更简单、容易的课题是为学生提供非常具体的选项：你要果汁，还是香蕉？

---

①②③编注：快乐鸡（El Pollo Loco）、卡乐星（Carl's Jr.）、丹尼斯（Denny's）均为美国知名的快餐店品牌。

别忘了，让这些选择机会更容易被看见，可以帮助学生更成功地参与。

> 很容易将抗议与生气或不当行为混为一谈，因为抗议往往以生气的形式来表达。也许因为学生其他的沟通意图表达无效，使得抗议经常转为生气。问题是：学生多长时间会有一次以较为可接受的方式表示拒绝，却不被他人尊重？他们又多久用生气或攻击的方式表示抗议，只因为这种方式有效？

▶ 教授抗议和拒绝的技能

抗议不是一件坏事。我们希望学生能够清楚地告诉我们他们不想要什么，就如同告诉我们他们真正想要的一样。知道如何以可接受的方式表达抗议是很重要的技能，而学生能理解并知道如何回应他人的抗议也一样重要。如果学生无法或很难表达或理解抗议，常常就会产生不当的行为。

记住你需要教学生：
- 如何理解他人的抗议。
- 如何回应他人的抗议。
- 如何使用抗议策略来有效地满足需求。

综合教导这些技巧可能最有效。学生对如何使用抗议技能知道得越多，对他人何时以及如何表达抗议就能理解得越多。

你是说我们应该教学生抗议吗？难道他们抗议得还不够多吗？

很多人根本没考虑过教学生抗议，因为担心他们会更难管教。在现实生活中，成人可能害怕失去掌控。不过别忘了一件重要的事，其实学生早就在抗议了。他们用所有自认为有用的沟通方式表达抗议，这意味着他们经常出现我们认为很糟糕或不当的行为。因此，我们的目标是教给他们一些较社会化且适合的选择，以更有效地获得他们所要的。别忘了沟通技能较好的学生，会自然而然地表达抗议。

你建议教什么？什么是可教导且适当的抗议技能？

这个问题的答案不简单。选择要教什么取决于：
- **学生的年龄**：年幼的孩子使用与青少年不同的语言和沟通形式。
- **整体的语言能力**：刚出现语言的学生通常会从学习到的，至少一种普通的抗议中得到好处。这给了他们力量。沟通技能发展较好的学生会学会用更多不同的方式去说或做。
- **长期学习能力**：如果学生学得很慢，他的未来潜力

> 教学失败最普遍的原因之一，是一次教太多东西，学生被搞糊涂了。一次只教一样东西似乎很费力，但配合学生学习速度的教学能够取得长远的成功。学生最常被抱怨的是做事不稳定，或许是因为他们尚未彻底地掌握每一项技能。

是学十个字词时，那么你只能选一两个普通的选项，这样才能发挥最大的效果。至于有能力学习更多词汇的学生，教授的字词量可以根据他们的学习速度和社交需求而定。

- **学习速度**：虽然有些学生有能力同时学习好几项，但可以在把其他选项加入选择清单之前，反复教授一段词组或回应，直到学会自发性地使用为止。这样学生学习的速度虽然放慢了，但通常进步会更大。如果一次只教一项技能，可以试着从最一般、普通的选项开始。

- **学生同伴团体间的语言和做法**：通常成人教学生使用成人的语言，而不是学生的语言。学生需要学习同伴普遍采用的沟通策略。

- **学生整体的社交能力**：具备较多社交技能的学生面临的困难可能最大，因为人们认为，他们理所当然地理解自己所说的。他们试着通过模仿所看到的来处理社交情境。实际上，他们可能出错，如用错词汇、找错对象或在不适合的情境下采取行动。

- **学生区别适合与不适合的能力**：有些学生比其他学生更能够学会社交规则。虽然让同伴"滚开"可以被接受，但若是学生对老师说这样的话，他就会被叫到校长室了。教授使用适合的语言是训练课程中必要的一环。如果学生无法独立判断语言是否合适，就最好教他"安全"的词汇。

- **什么是学生需要沟通的**：观察学生与他人的社交互动，便会发现学生的挫折感所在。当出现困难时，想想其他学生可能使用的词汇或行为，这就是你要教的词汇或行为。情境教学对学生会有帮助，但最大的进展其实是来自于处理平时经常出现的需求。

你建议教授哪类抗议策略？

想想非口语和口语这两种沟通形式，最有效的沟通尝试是结合二者使用。观察学生的同伴团体，就可以得到这个问题的最佳答案。

> **典型的非口语抗议策略包括：**
> - 摇头说"不"。
> - 轻轻地将某物或某人推开。
> - 举手表示"停"。
> - 使用示意动作表达。
> - 移开。
> - 将物品归还某人。
> - 摆出不悦的表情。

口语抗议和回应：

这里有许多口语的表达可供选择。下面清单上的选项是通过对几位包括从学前到高中学生的访谈而得来的，典型的口头抗议包括从礼貌性语言到"孩子间的流行语"。语调也是表达抗议的一部分，但它往往难以把握和理解。

看过清单后，你会选择将哪些语句教给沟通困难的学生呢？如果你可能得到一些学生的帮助，你可以继续往清单上加惯用语。教会学生理解和使用这些语句同等重要。当别人使用这些语句时，表示的是什么意思？你在与别人沟通时，又会选用哪个语句？

**当有人打扰你或你不想要某样东西时，
你可以说什么？**

- 我想独处。
- 不要。
- 不用了，谢谢！
- 我不想要！
- 请不要这样！
- 这是我的。
- 你这笨蛋！
- 你这傻瓜！
- 呆子！
- 你真笨！
- 走开！
- 别管我！
- 你很烦。
- 你吵到我了。
- 你让我抓狂。
- 滚到那边去。
- 管好你自己。
- 我不想这样做。
- 做点有益的事。
- 现在不是时候。
- 随便！
- 离我远一点。
- 你都不知道你在说什么！
- 其他低级脏话。

- 不要这样。
- 我不在乎！
- 狗屁！该死！等等。
- 胡说！
- 你真蠢！
- 做你的白日梦吧！
- 随你便！
- 那是什么？
- 你无理取闹。
- 饶了我吧！
- 你最好别跟我开玩笑。
- 以后再说。
- 滚开！
- 逃吧！
- 过去吧。
- 我很抱歉。
- 别吵了！
- 超级大笨蛋！
- 你哪来的胆在这作威作福！
- 够了！
- 下流！
- 真恶心！

使用负面语调，表达的意思就不一样了：

- 好啊！
- 随便！
- 很好！
- 得啦！
- 不要！

有些惯用语并非那么理想！

滚开！超级大笨蛋！认清学生的语言并非成人的语言，这是教学中特别重要的部分。因为决定要教什么惯用语，对学生如何应对社交状况会产生巨大影响。成人通常教给学生有礼貌且合适的语句，但那不是他们的同伴所用的。当他们使用时，如果这些语句太正式或过于像大人说的话，就会在社交上与同伴产生隔阂。如果其他学生使用"孩子间的流行语"，我们的特殊学生可能无法理解他们在说些什么。

如果学生使用那些惯用语，难道人们不认为他们的行为很糟吗？

是的，那可能会引发问题。如果他们在使用时对象或时机不对，可能也会遇到麻烦。由于他们难以判断社交情境，所以潜在问题很大。这就是为什么需要教给他们适合的技能。

> 当提姆说"别吵了"，表示他不要再被打扰了。

帮助学生理解：

- 当别人使用这些惯用语时，教导学生了解其意思。他们在与人沟通时若能了解这些惯用语，就能够更正确地做出回应。
- 帮助学生认识语调不同会使许多用语的意思变得很不一样，例如，"很好"可表示某事很好，但是也可用来表达"如果这是你想要的方式……那也要看我是否愿意"。声音的语调会产生不同的意思。
- 有时这些语句被用在嬉闹的社交情境中，有些人试图通过使用它们来表现风趣幽默；不过有时这些语句则用来表达愤怒。真的很难区别其中的差异。
- 向学生强调，观察人们的肢体语言和面部表情，可

以帮助你更了解对方的意思。

帮助学生表达想法：

- 教学生使用适用于不同情境的惯用语。如果学生只能学会清单上的几个惯用语，那就选一些比较有用的。

- 教给学生几种选择，帮他们从清单上选择一句适合的惯用语。学会对情境进行有效的评估和做选择是很有用的。

- 教导他们区分跟长辈与跟平辈说话的不同。有些话适合与长辈说，有些话则可能因对象不当而给他们带来麻烦。

- 帮助学生区分使用不同强度的抗议表达。在制止轻微的骚扰举动时应该如何表达，应对严重的混乱时又应如何表达。一点点恼怒和非常抓狂是不同的。

利用视觉技巧教授表达拒绝和抗议：

- **示范**

可以利用一整天中自然发生的机会来示范如何表达抗议或拒绝。夸大你的表情及动作，重复几遍并鼓励学生模仿你。安排情境，以便在很短时间内有多次表达拒绝或抗议的机会，经常重复练习比在偶发事件中教学能带来更快速的学习效果。

- **利用视觉工具**

利用视觉工具教学生如何理解与表达，视觉支持提供了学习特定技能的结构。

- **尝试角色扮演**

示范适合的与不适合的抗议和拒绝行为，并给学生提供机会练习行为和惯用语。互动的情境要尽可能真实，以便学生能泛化到真实生活情境中。

记住，这些技能的缺乏是孤独症、学习障碍、情绪障碍及其他中重度沟通障碍学生的沟通障碍核心。更清楚地说，这些学生的社交技能和社交判断都有困难，他们无法轻易地学会这些技能，他们可能无法通过模仿学习。糟糕的是，他们常常模仿不该模仿的，例如不讨人喜欢，却引人注目的沟通行为。因此，我们需要教给他们能够适当处理情境的技能，并且这些技能需要我们专门教授。

如果有两个人来教授技能，辅助策略就会非常有效。一人作为沟通伙伴，另一人则辅助学生做出合适的回应。虽然双人教学通常很理想，但普遍来说并不可能。如果你只有一个人，就做能力所及和必须做的。只要知道有双人教学策略，有机会就多加运用这种策略。

- **在镜子前练习**

当你在示范时，鼓励学生看着镜中的你，然后让他看着镜子练习相同的技能。

- **利用录像机**

录下事件或练习时段，然后反复观看。对学生而言，整个过程发生得可能太快，导致无法真正吸收和理解社交互动。他们处理信息不够快。观看示范正确行为的录像带可帮助他们记住整个常规。可结合录像带和实际演练教学。

- **尝试立即重演**

当学生处理现实生活情境不当时，立即停下所有的事，在当下情境中教给他合适的言行。给学生提供所需的信息，告诉他应该如何理解情境，或是在该情境中如何沟通，然后让事件重来一次。告诉其他学生什么是立即重演以及为何需要再次重现，这样他们会更配合你，重现你认为需要立刻教导的情境。

- **看电视**

试着录下肥皂剧或类似"感情戏"的电视节目。不开音效看录影带，讨论演员看起来如何，推测他们在表达什么情绪。不用将全剧看完，找出几个你认为适合教学的视觉范例，然后一看再看。

> 当有人坐在你的椅子上时，
>
> 说："请离开。"

- **记录**

当有问题时，将情境像故事一样写下来，帮助学生回顾，想想到底发生了什么事。描述发生了什么事以及什么事应该发生。向学生解释所有他们不理解的地方。将信息记录下来比口语对话更有助于回想。

范例：

问题：亚力克斯开始有能力让别人知道他想要什么。在正餐或点心时间，他试着让妈妈知道他想吃什么。有时妈妈难以理解他要选什么，如果她从柜子里拿出了不对的食品，亚力克斯就会大哭大叫，并戳自己的眼睛。

原因： 亚力克斯知道如何以大哭大叫及戳自己的眼睛来表达抗议。但他还没学会用合适的策略来表达该信息。当孩子学做选择时，生活不会立刻变得完美。有时他们真正想要的，并没有被当作选项。有时他们做选择的技能还不够成熟，或所选的并不是自己想要的。他们不知道要如何"撤回"错误，或让你知道他们已经改变主意。有时则是大人没有搞懂，而给了不对的东西。

解决方法： 教亚力克斯一些适合表达"不"的方法，如摇头表示不要、把东西推开或是说"不"。这些都是在情境中有用的方法。

在亚力克斯出现不当的抗议行为前，教授这些技能最有效。在构建情境中，你才有机会在问题行为出现前介入。当你确实知道他想要的东西时，留意机会。一开始先给他不对的东西，立刻辅助亚力克斯说"不是"。用肢体辅助他用手轻轻地把东西推开，协助他摇头或说"不"，但要避免每一次都这么互动。如果你这样做得太频繁，孩子会变得很困惑。虽然这是很棒的教学策略，但好东西太多未必就好。

> 当有人乱碰你的玩具时，可以说：
> "我想要自己玩。"
> "我不需要任何帮助。"
> "请不要碰我的玩具。"

问题： 在教室里，阿伦很擅长堆结构复杂的积木。他喜欢独自玩耍，讨厌其他学生打扰他。如果其他学生接近或碰他的积木，阿伦就会打他们。当然，这是不能被接受的和同伴沟通的方法。

原因： 阿伦的行为和他的孤独症有很大的关系。他对玩具有很强的占有欲，不喜欢有人接近他的空间。他的语言技能不行，难以掌控情境。

解决方法： 阿伦需要学习更好的社交技能。老师认为阿伦学习接受其他学生在他附近玩对他有好处，教他说"请不要碰我的积木"有助于处理这样的情境。她做了一张图卡提醒阿伦使用语言，也教他伸手用动作表示不要靠近。通过语言和示意动作提醒其他学生尊重阿伦的积木建筑。一旦阿伦确定他们不会干扰他的工作，他便能接受他们靠近他玩或玩相同的积木。

备注：教授礼貌性用语，如"请""谢谢"时，需要考虑周全。孤独症学生学习语言和普通学生不同。需要记住的重点是，像阿伦这样的学生，语言的学习倾向于整句或短语。对阿伦而言，"请不要碰"像是一个字。所以在这样的情况下，老师决定加个"请"字，因为"不要碰"听起来粗野又跋扈。为了教授礼仪，有些人试着教授学生用礼貌性的用语说每样东西，哪怕学生根本不懂这些用语的意思。结果学生便死背越来越长的短语去表达想法。不是在每句话里加上礼貌性用语都是合适的，应该视情况而定，这样才能帮助学生表现得更得体。

问题：埃迪站在门边排队，一位学生撞到埃迪，埃迪转身攻击同学。这真是糟糕的一幕！

原因：另一位学生被绊倒，撞上埃迪，这其实是意外事件，是典型的校园情境。埃迪认为自己被攻击了，为了保护自己就猛烈回击。尽管埃迪能说，但他不知道如何用语言表达来让自己应对具有挑战性或情绪性的情境。

解决方法：埃迪需要学习一些应对有挑战性的情境的语言。可以教他一些一般性且适用于许多情境的惯用语。

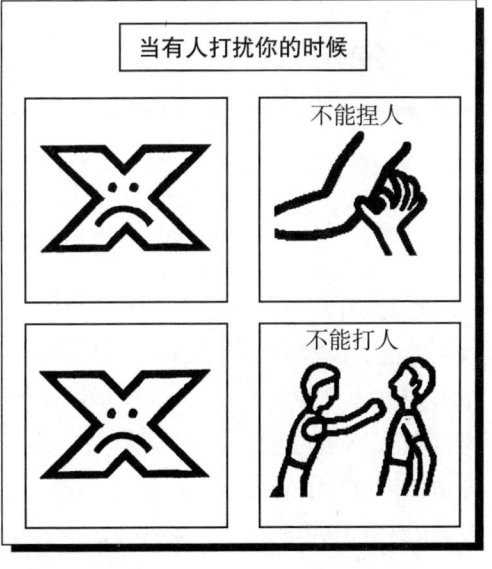

让他能使用语言而不是以行为来处理问题。

问题：迈卡越来越能够与其他学生一起玩，他使用的词汇也越来越多了。他开始模仿一些其他学生所使用的不当或不妥的语言。例如，迈卡正忙着结束他最喜欢的电动游戏，这时老师叫他，他回答："混账东西，滚开！"当他跟校长说："别管我，妈的！"时，这就真的是大麻烦了。

原因：迈卡模仿了同伴所使用的语言，但是他不懂的人际互动规则——跟长辈和同伴说话应有差异，对象不同就应使用不同的语言。迈卡需要学习分辨什么时候该说什么话。

解决方法：解决这些问题可能需要花点时间，需要考虑好几种因素。解决方案的设计要根据迈卡能学到并理解多大程度的人际互动而定。

首先教他列出不应该使用的用语清单。这种方法的问题是：

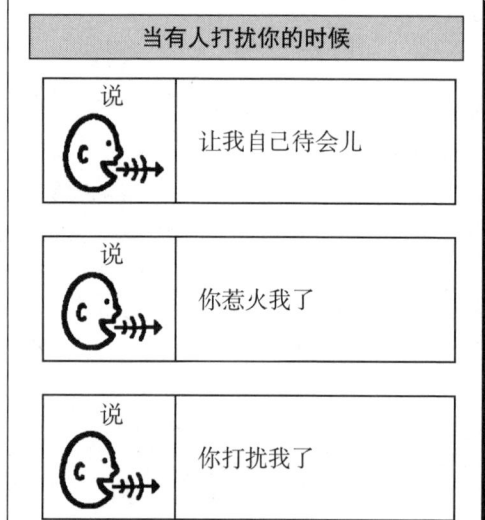

- 清单可能会变得很长。
- 把焦点放在你不希望他使用的语言上，可能反而鼓励他说得更多，因为他有可能就是想引起你的关注。
- 可能很难给迈卡提供一套有别于其他学生的规则。
- 当其他学生说了迈卡没有学过的用语，他可能就会很困惑或生气。

但是，这可能是有效的。如果你告诉他不能这么做，可能对事情有所帮助，这要根据迈卡的状况而定。但也可能有其他更有效的策略。

> 对我们而言，告诉学生做错了非常容易，我们可以叫他们停止或惩罚他们。但我们也容易忘记要明白地告诉学生什么是他应该做的。

考虑以下这些选项：
- 如果你相信有些言行不会再发生，有时试着忽略它们反而是最有效的方法。
- 立即纠正或指导他在当时的情境中该如何表达。
- 如果你认为处理好当时的情境很重要，那么就有必要清楚地向迈卡说明他所做的是错的以及如何改正，并让你们的交谈可视化。
- 将焦点放在积极的行为上，教导迈卡用适合的方式与长辈交谈，教他可以说的话。
- 教授有礼和无礼的概念。

别忘了，在设计这类问题的解决方法时，需要具备两个目标：
- 解决立即性的问题。
- 教授长期自我管理的技巧。

我可以使用的用语	
与长辈交谈时使用的语言	**与孩子交谈时使用的语言**
请不要这么做。 不用了，谢谢！ 对不起。 是的，詹金斯先生。	别吵了。 不做了。 注意！小心点！ 你是个混蛋。

重点：问题行为经常出现，是因为学生难以适当地表达或理解抗议。
- 需要清楚明白地教授学生理解和表达抗议及拒绝的技能。
- 由于学生的能力有限，他们学习这些技能可能非常困难。

这些教学策略也适用于教授其他的社交技能，不过抗议技能是很好的切入点。难以理解或用合适的方式表达抗议是沟通中最普遍的问题行为之一。

备注： 一定要记住，你所选择的方法需要符合学生的发展水平和理解的程度。

▶ 教授协商的语言

具备有效沟通技能的学生能够与人商量他们的选择。他们能掌控状况，得到满意的结果，而有沟通困难的学生则无法办到。

学生能与人协商很重要吗？

这是非常重要的技能，因为问题行为常出现在难以掌控的情境中。想一想，成人普遍会为沟通能力较差的学生协调人际互动，并支配结果，总是试图掌控学生。这不是建议成人退出主导角色，毕竟严格要求确实比较容易掌控情境。但在"结构"的名义下，我们忘记了对人们的过错或人性的包容。

既然我们讨论的是行为，这又与行为有何关联？

行为经常受到该领域能力不足的影响。一种极端是，学生因在沟通上的无助而变得被动，另一种极端则是学生有所行动，因为这是他们知道试图掌控情境的唯一方法。

我们方案中的学生通常不知道如何说，或不知道如何有效地表达生活中的各种观点。想想协商选择时所需的用语：

- 两个我都要。
- 我改变主意了。
- 我不知道。
- 我想要不一样的选择。
- 我可以选不一样的东西吗？
- 哪些是我的选择？
- 我错了。
- 这跟我想的不一样。
- 两种我都不要。
- 我不知道我到底要什么。

- 我可以做不一样的事吗？　- 我能等会儿再说吗？

这些学生也常常在普通的谈话情境中面临困境，因为他们往往错失一些信息，而且他们处理信息的速度比其他人慢。我们在教学和沟通时速度很快，甚至对一些学生而言，实在是过于快了而令他们难以跟上。简单的用语就可以帮助他们得到所需的信息。当学生有能力掌控情境来满足需求时，他们的参与度就会大幅提高。考虑这些用语：

- 我不懂。
- 等一下。
- 让我想一下。
- 我没听到。
- 可以再说一次吗？
- 我正在想。
- 你可以给我看吗？
- 你会把那抄下来吗？

范例：

问题：布伦特指着长桌上的苹果提出请求。不过，当他将苹果握在手中，老师从柜子里拿出一盒饼干时，布伦特立刻大发脾气。

原因：布伦特不知道有其他选项，当他发现有饼干时，他却没有沟通技能来改变状况。

解决方法：教布伦特把苹果放回去，并指着他真正想要的东西。理想的做法是，在他发脾气前，给他示范应该怎样处理这样的情况。一旦他已经开始闹情绪，那么给他饼干就会变成对发脾气的奖励。在他闹情绪或协商交换前，采用任何可能的方法让他冷静下来。学生有时会用一些方法协商交换，但是成人经常忽略这些举动。或者成人认为学生已经做了选择，不应该再要其他的东西了。与其坚持规范的要求，不如将这种情况视为教授沟通技能的机会。

问题：当别人说话的时候，托德无法专心。当他发觉老师正在跟他说话时，他经常已经错过问题或指令的前

> 成人常将自己置于论输赢的情境中。当学生与成人发生冲突时，成人会认为一方若占上风，另一方就属于挫败的一方。与其将自己局限在这样的规范里，不如把冲突当成教授沟通技能的好机会。

段。即使他没有听完问题，他也会脱口说出答案。

原因：托德的注意力缺陷障碍是造成他的问题行为最大的原因。

解决方法：利用视觉工具与托德沟通，会对他有帮助。视觉工具可以吸引他的注意力，并帮助他将注意力维持在所谈的话题上。可惜的是，并非生活的全部都能被可视化。在无法可视化的情况下，托德需要学习寻求帮助。告诉对方："对不起，我没听到你刚刚说的。"或是："你可以把它抄下来吗？"这些都可以帮助托德克服他的困难。

这其中的挑战是：托德在向人求助前，需要知道自己的困难。他可能需要学习理解他什么时候有困难。

虽然协商大多是口语的方式，但是非口语和口语都可能会出现。并非所有的学生都能学会协商语言，对于正在学习做选择，或是刚发展语言技能的学生而言，这些用语可能太难或令人困惑。这些用语适合那些已经达到会话程度的学生。

重点：学生从学习协商语言中得到好处，包括：

· 教给他们处理困境的技能。
· 避免他们出现不太讨喜的行为。
· 教给他们在应对前先收集所有信息。
· 帮助他们更得体地参与。

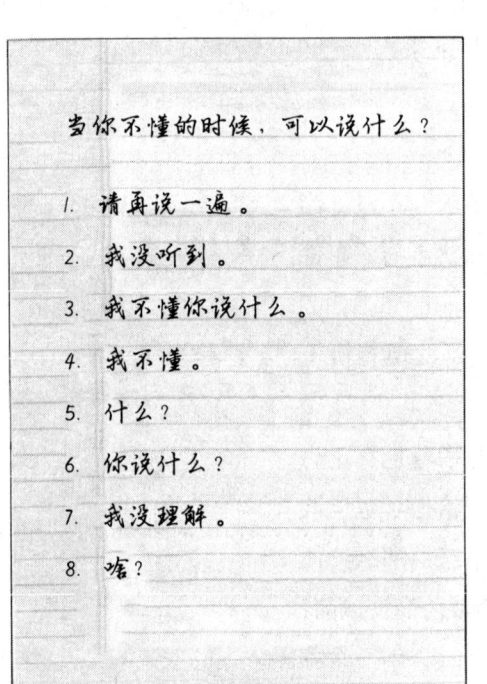

当你不懂的时候，可以说什么？

1. 请再说一遍。
2. 我没听到。
3. 我不懂你说什么。
4. 我不懂。
5. 什么？
6. 你说什么？
7. 我没理解。
8. 啥？

第九章
用视觉工具调整行为

人们常常谈论着"给学生提供一个结构化环境"。

什么是结构化？要怎么做可以让学生在环境中感到舒适自在？

结构化指的是我们为学生营造可预期的环境。当学生知道什么是可期待的和如何表现时，他们会比较放松且更满足。他们喜欢我们提供许多信息，因为这样就不需要付出很多精力探索生活。视觉工具可以帮助学生弄清楚生活中一些较难理解的抽象事物，帮助他们管理自己的行为。为学生提供信息很重要，我们需要清楚地让他们明白什么是可以或不可以被接纳的。用规则告诉他们如何表现。用具体的形式帮助他们理解抽象观点，指导他们表现出更佳的行为。

给他们这么多要遵守的规则会不会太严苛了？

相反，规则提供了生活中令人愉悦的结构。如果你确切地知道你被期待的是什么，就比较容易参与其中；如果你必须不断猜测，生活就变得很令人沮丧。当你完全不能理解那些抽象却支配我们该如何表现的事物时，也让人非常受挫。我们所称的"问题行为"通常是由学生不懂社会规范引起的。他们无法清楚地理解什么是应该或不应该做的。即使他们理解，也可能难以正确地管理自己。他们有许多事情需要思考，视觉工具可以对他们有所帮助，让我们更深入地探索这个主题。

▶ 表达"不"

- "不，不能给你。"
- "不，不要这样。"
- "不，没有牛奶了。"
- "不，我们不是看牙医，而是去冰激凌店。"
- "我知道了……玩你最喜欢的游戏吧！"

我认为"不"不是很难理解，但是我已经看到问题出在哪里了！

你能够理解这种困惑吗？提供信息的语境里，"不"是很有威力的字眼。当孩子还很小的时候，父母便开始用这个字眼纠正他们。在普通儿童的发展过程中，这是孩子最早学会的词汇之一。ASD和其他沟通障碍及有问题行为的学生听到"不"这个字，比他们表达的还多。关于这个概念的沟通方式会大大地影响他们如何回应。

"不"这个字确实有很多不同的意思，不是吗？

"不"被用来表达很多不同的概念。想象一位孩子经常听到"不"的意思，例如："你真是不乖，不要再做那个了！"所以他形成了一套模式回应这个字。然后，当有人告诉他："不，都没有了。"时，他可能回应："不！你不乖，所以你不能得到任何东西。"这很让人困惑，不是吗？我们面对的是对概念和关系理解有困难的学生，而"不"这个字有无数不同的意思。他们最初学这个字，可能始于自己表现不乖或做了危险的事而被纠正。这就意味着，学生听到一个强烈的字眼时，后面可能跟着一些用来保证孩子理解的其他的提示或指正。孩子首次学习这个字时，是与负面事物相关，难怪当他在不同语境中听到这个字时，反应都会那么强烈。

如何表达"不"？

1. 使用多种专门用语

当表达这些概念时，使用专门用语很重要。告知学生"我们等会儿做"，可能会比"不，现在不行"产生更积极的回应。告诉学生他最喜欢的点心"都没了"，可能和"不，不能给你"的回答，有完全不一样的回应。组合式的用语对有些学生有帮助，例如："再也没有……全都没了。"

2. 使用视觉工具

视觉工具以更具体的方式表达概念，这是发挥创意的机会。探索出学生能理解的方法很重要。目标是以看得见的方式呈现活动、选项及其他信息，因此否定也能以可视化的形式表示。

3. 给学生提供许多相关信息

给学生提供"什么不可以"和"什么可以"的可视化信息，二者同等重要。他们通常除了需要知道什么不能做，还需要知道什么可以做。如果现在不能做某件事，让他们知道什么时候可以做。学生需要知道这件事可以做，只是要等会儿。如果无法为他们提供想要的东西，就告诉他们其他可能的选择。

4. 说明"不"的意思

学生无法只因为你告诉他和给他展示一个符号说明意思，就理解你。他可能需要辅助、引导或其他方法，帮助他理解你真正试图表达的是什么。

5. 教学生如何回应"不"

如果学生对"不"曾有不好的经验，那么使用这个字眼后得到负面的回应就不令人意外了。教导他们在那样的情境中，可以如何表达或如何做。

备注：有些人认为，对这些学生说"不"并不恰当。事实上，"不"这个字是重要且强有力的字眼，放心用吧！但不要过度使用。要注意学生的反应，随时调整你的表达，以便得到你所期待的回应。别放弃这个字，要有效地运用它。

表达"不"的技巧：

· 使用国际通用的"不"的标识

这个标识具有抢眼的外观，学生很容易辨识。可以贴在学生不能靠近的橱柜，或是不能出入的门上。也可以贴在规则表上，强调不被接受的行为。

· 使用其他标识表示"不"

使用学生能够理解的标识最重要，但这项技巧要和学生的语言和沟通能力相匹配。给学生介绍太多不能理解的标识，并不能增进沟通。

· 遮住东西

如果有些东西不能提供，就把它从选择板上移除，这似乎很合理。问题是，单纯将项目移除并不能确定学

生能理解那个项目已经不能选了。学生可能会执意要求那个已经从选择板上移除的选项，因为他仍记得。一旦你移除了图片，就再也无法用来沟通了。不如将图片翻面或遮住，使它还是有用的沟通工具。

· 利用更多的视觉工具解释概念

利用你的视觉工具箱帮助学生理解情境。利用工具告诉他们，何时或还有什么信息可以帮助他们理解。记住，几种视觉工具结合使用，常常可以帮助学生真正抓住我们想要他们理解的东西。

教学生表达"不"！

学生确实表达过"不"，但是通常出现在抗议的情境中。"不"是世界性语言，适用于很多情况。如果他们表达抗议的方式有限，你会看到很多试图控制情境的问题行为。让学生学习一些替代的方法来应对情境，这很重要。教他们一些不同的用语来表达或沟通，可以帮助他们更能掌控。

表达"不"的替代用语

· 不！	· 我不想。
· 等会儿再做。	· 就这样了。
· 现在不行。	· 够了！
· 我还没完成。	· 停！
· 全都做完了。	· 不要这样做。
· 我做完了。	· 不要走。
· 我不知道。	· 请离开。
· 我不喜欢。	· 这是我的。

重点：问题行为很容易因为"不"这个简单的字而出现。学生的反应不是因为不理解这个字的多种用法，而是他们没有适合且有效的方法表达它的意思。

- "不"是个非常强有力的字眼，能引起很多误解。
- 记住，"不"的概念可以用多种不同的用语表达。
- 视觉工具有助于表达"不"的意思。

▶ 建立规则与行为指引

大多数的学生不是故意想要"使坏"。如同我们已经发现的，行为起因于多种不同的情况。视觉工具可以帮助学生知道如何表现举止，也可以帮助学生知道我们期待的行为。

视觉规则用来：

- 告诉学生什么能做。
- 告诉学生什么不能做。
- 明示后果（如果……就会……）。

为什么这些学生不懂这些规则？

他们不明白，也不记得这些规则。或许他们已经学会不同的常规，但是不知道如何变通。他们所感知的世界与其他人所理解的很不一样。要尝试从学生的角度思考生活。

1. 学生可能没注意到我们用来纠正行为的社会性框架

他们似乎"沉浸在自己的世界"或只受内在驱使。这导致：

- 自我刺激。
- 独自娱乐，意识不到我们的要求。
- 冲动地满足自己的需求，而忽略该有的适宜举止或社会规范。
- 在自主或自我满足的冲动上，难以加诸外在的规范。

2. 他们的沟通障碍造成行为不适宜

- 他们不了解发生了什么事或所要求的是什么。
- 他们不懂为什么要遵守某些规则。

- 他们只做他们认为应该做的事。
- 他们不理解他们所做的并非是我们所期待的。
- 他们不能理解生活中的偶发事件。
- 当他们没有其他更有效的方法掌控情境时,就可能把行为当作沟通的形式。

3. **他们无法正确地解释社交信息来调整行为**
- 他们无法精确地解释指导行为选择的非口语信息。
- 他们无法理解行为和选择的社交含义。

4. **他们表现出的是学过又能明白的行为**

他们不理解有些学过的行为并不适合当下的情境,而他们也不知道还能做什么。

- 他们在展现所学的行为。
- 他们遵守所学的常规,但可能不是正确的常规。
- 他们不知道如何调整所学的行为,以符合特定的情境。

成人不教规则吗?

我们当然会试着教学生一些规则。典型的方式是一再重复告诉学生我们所期待的。但即使学生表明愿意合作和参与,我们处理问题行为的方式也会导致沟通的失败。通常学生的表现都不太符合我们的期待,因为:

1. **我们没有清楚表达我们的期待**
- 我们使用了模糊且不清楚的语言。
- 我们只是用口语表达,没有用其他方式辅助说明,以确定学生理解。
- 我们未明确表达我们的期待。
- 我们说得太多了,学生无法提炼出我们真正的期待。

2. **我们没有认真看待自己所说的**
- 我们提出了不切实际的要求。

> 每个人对学生的行为反应可能会不一致。不一致也常发生在人和人之间。这个人允许的行为,另一个人却可能会认为需要纠正。这样的情况令人困惑。将规则可视化可以同时帮助老师与学生,接下来成人就知道哪些规则要坚持了。

- 我们没有持续跟进，帮助学生自始至终都能遵从我们的要求。

3. 我们的期待不一致

当学生所为非我们所期待时：
- 有时我们纠正他。
- 有时我们忽视了他的行为。
- 有时我们反应过度或发脾气。

遵守这么多规则对学生不是很难吗？

事实上，建立规则对学生有利，因为清楚地知道该做什么比猜测容易多了。规则清楚地说明你期待学生如何参与。这些规则能够提醒学生，帮助他们记住应该要记得的事。视觉规则也具有很强的命令性，打印出来的规则深具威信，比人际互动的约定更具说服力。

从学生的观点来看，生活是复杂的。有些事情永远可以做，而有些行为则永远不行。存在于这两个极端之间的是一大片"灰色地带"，这个地带充满着"有时候"的生活。有时候你可以做，有时候则不能；有时候你可以拥有某样东西，有时候又不行；有时候你被纠正或处罚，有时候却一笑置之。实在很难令人理解。但规则让事情变得简单了，就是你遵从或不遵从规则而已。

对父母或老师而言，制定一大堆规则难道不觉得棘手吗？

实际上，规则能帮助成人更好地管教学生。规则让人们清楚哪些行为要注意或纠正，规则是用来评估学生是否表现良好的指南。

这是管事的成人会发生的情况：
- 改变想法。

> 当学生在很多方面都出现问题时，我们很容易马上做出回应并试着纠正他所做的每件事。但这可能导致矛盾、冲突。请有选择地战斗！选择一些最重要的问题行为来处理。针对这些问题行为，教给孩子规则。

- 分心。
- 忙于其他的事。
- 忘记自己的要求。
- 更改规则。

> 通过清楚地指出学生需要遵守的规则或要求，我们可以帮助学生更有效地参与活动。规则的建立减少了他们需要判断的次数。遵守特定的规则对学生比较容易，而试着解释快速改变的社交情境，然后想出回应的方式，对学生比较困难。

老实说，我们对规则和期望的强化经常不一致，然后我们会觉得沮丧，沮丧又很容易转为生气。缺乏一贯性是人的天性。尽管我们经常探讨学生需要的一贯性，但要明确说明非常困难。规则为我们提供依据，界定了许多"灰色地带"。

研究看得见的规则为成人提供了有用的架构。建立规则的过程，促使我们思考到底要如何处理问题行为或情境。规则也帮助我们清楚界定可接受和不可接受的行为，帮助我们有逻辑地思考。因此当问题行为出现时，我们可以有目的且按照一贯的方式处理。运用视觉规则可以帮助我们言行一致，将规定贯彻到底，避免对情境过度反应。

你如何界定学生成功？

成人的观点里包括可接受和不可接受两种状况，也就是学生遵守或不遵守规则。如果学生不遵守规则，可以利用视觉工具指导他们改正行为。

建立一般性规则：

可以从建立一些基本的教室规则开始，这些规则比较一般化，适用于每个人。试着挑选能广泛运用在不同情境中的一般性规则，例如：

- 坐下。
- 保持安静。
- 听老师说话。
- 好好对待朋友。
- 做功课。

像这样的规则可以运用于在教室中发生的各种情况。发生在普通教室中最常见的问题行为，都能通过下列所述的任一规则得到纠正。

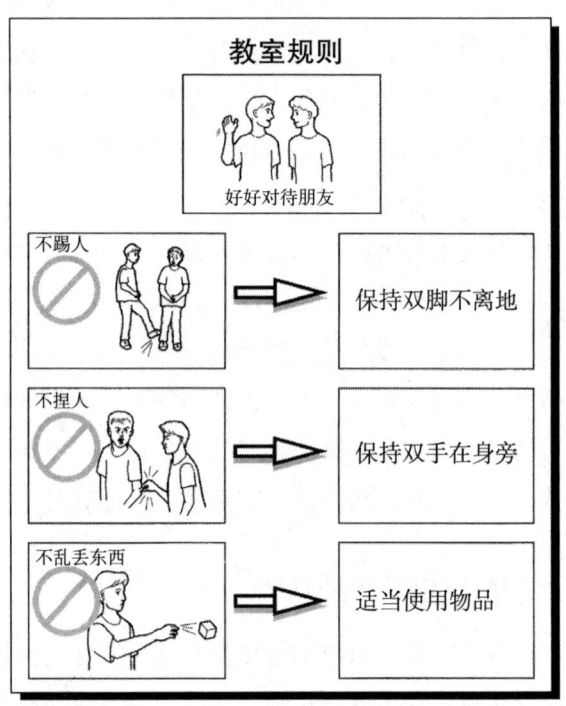

如何使用规则？

1. 将规则张贴在显而易见的地方

将规则张贴在容易看到的位置。要确保够大，让学生从远处就能看得到。

2. 定时复习规则

每天一开始就复习规则，要求学生看着规则。可以指向这些规则，命名这些规则或者用其他你想到的方法来让学生积极参与。根据需要经常复习这些规则，让学生温故知新。对有些学生而言，在早晨复习规则就够了，而有些学生则需要在一整天的每个新活动开始前都加以提醒。

3. 运用视觉规则

当学生的行为需要矫正时，可以通过呈现规则并阐明学生需要做的，来展示正确的行为。

4. 期待地等候

暂停，为学生提供需要的时间来矫正行为，以符合期许。

5. 需要时给予辅助

如果学生不熟悉规则或对规则的理解有疑惑，就适度地提供辅助，引导他完成任务。

6. 必要时重述规则，耐心等待学生遵从

7. 决定接着该做什么

如果学生不遵守规则，就要决定是否继续等待。有可能已到达某一点，学生需要一些辅助或指导来完成任务。这个阶段该怎么做，要根据学生最近的行为和你对学生的了解而定。过去的经验能帮助你做决定。

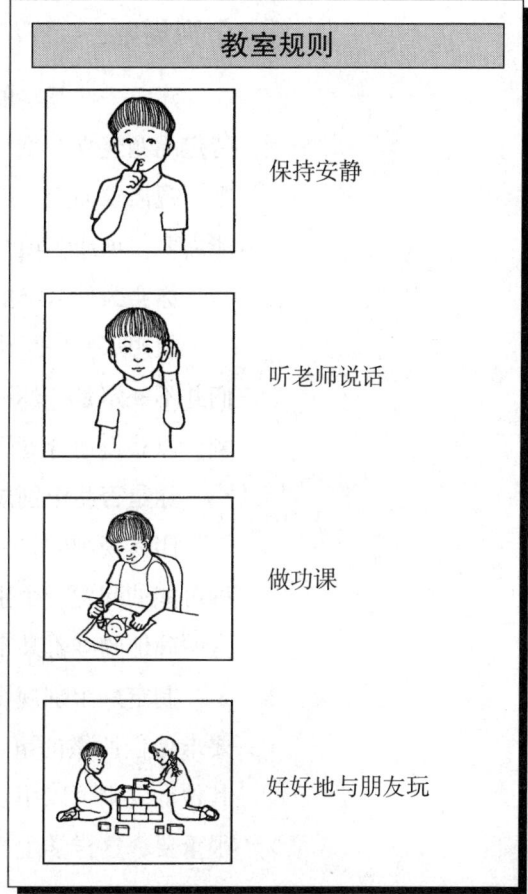

> 当学生有问题时，运用视觉规则重新引导他。当问题出现或学生的行为需要矫正时，给他看规则，告诉他需要做什么：
> - 陈述规则上的字，如"坐""保持安静"。
> - 或是说："规则是_____。"
> - 一些极端的情况下（依据个别学生或情境而定），单纯呈现规则，而不加以口头训示，可能更有帮助。当学生紧张不安或接受的外界刺激过度时，这项策略相当有效。

个别规则：

建立一些基本的教室规则后，下一个阶段就可以针对特定问题建立个别规则。并不是每位学生都需要这样的规则，视需求而定。针对学生需要纠正的特定行为，学生可能需要一项或多项个别规则。

你会为什么样的行为设定个别规则？

想想那些一再出现且需要不断纠正的行为或动作，它们并不一定是"坏"行为。有时学生只是需要被不断地提醒，以获得适合管理自己的方法。

你是否将个别规则的形式设定得如同团体规则？

团体规则的设计必须具有代表性，才能广泛适用于各种可能的问题。个别规则非常特定，就像镭射光一样，非常明确地瞄准着某个特定的目标。

制定好个别规则后，最好用积极的方式向学生说明你要求他们所做的事。有时说明什么是不能做的也有帮助。其他的规则可以用正面或负面的词汇如实传达。说明规则很重要，这样学生才能理解，规则也才能起到帮助学生矫正行为的作用。现在，挑战是什么就应该很清楚了。

范例：

问题：肯尼正处于青春期，他的生理功能正在发育。他对身体的需求总是不加遮掩，痒了就抓、有屁就放，还有其他很多给同学产生负面印象的行为。自从他的身体开始发育，这样的情况就愈演愈烈。

原因：肯尼尚未学会社交礼仪，他完全无法察觉自己某些行为的社会含义。

解决方法：让肯尼学习哪些是社会不能接受的行为，这非常重要。他需要学习以合适的方式应对身体需求。规则卡和附加说明的卡片会有帮助。此外，撰写一些社交故事①，帮助肯尼更理解社交情境，也能帮他做出更好的行为选择。

---

① 编注：有关社交故事的信息，请参阅卡罗尔·格雷（Carol Gray）的《社交故事新编》（*The New Social Story*™ *Book*）一书，此书的中文简体版于2018年由华夏出版社出版。

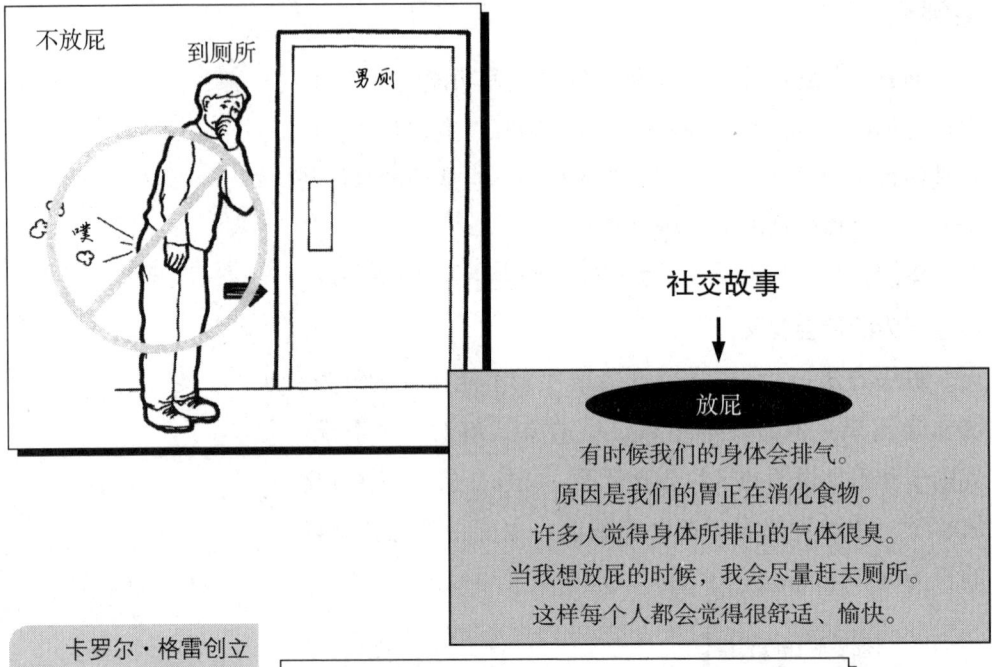

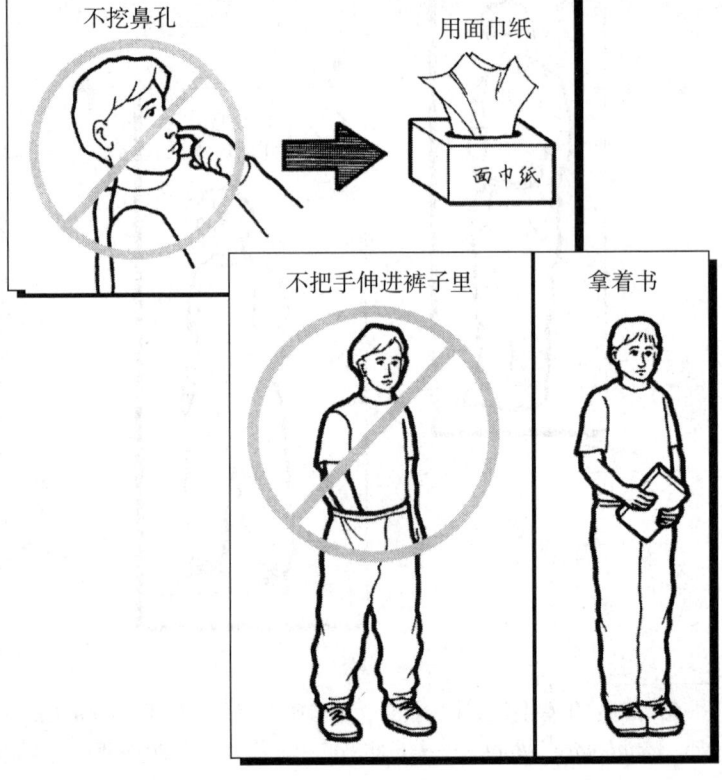

卡罗尔·格雷创立的社交故事旨在帮助学生学会以合适的方式应对社交情境。社交故事描述了许多社交情境，通过这些故事，学生学会理解社交线索和社交信息。故事的写作需要按照一定的标准完成，但故事可以用来处理非常具体和个性化的问题或需求。许多个案表明，采用这种方法后，学生的回应方式发生了积极的改变。这种方法有力地促进了积极行为的出现，减少了问题行为的发生。

制定规则与行为指南：

你如何建立规则表或行为指南，决定了学生能理解与调整多少行为。以下有几个要点供参考：

1. **从学生的角度看情境**

将学生认为有意义的信息纳入进来，这些信息可能与成人一般所选的不同。

2. **具体化**

这些学生不能理解暗示或模糊的建议，因此，要准确地告诉他们应该做什么。

3. **只涵盖最重要的信息**

我们很容易加入太多东西。如果信息太多，学生就会无法集中注意力或理解。

4. **让工具有条理且连贯**

这不是讲求华丽或艺术感的时候，记得要合乎学生的逻辑。

5. **不要害怕尝试，看看哪个版本或设计最适合具体情况**

有时，我们从不断尝试的错误中学到哪个效果最好。看看这些普遍相似问题的不同设计，哪种版本行得通？或是没什么差别。但对某些学生而言，也许这个设计比另一个好。

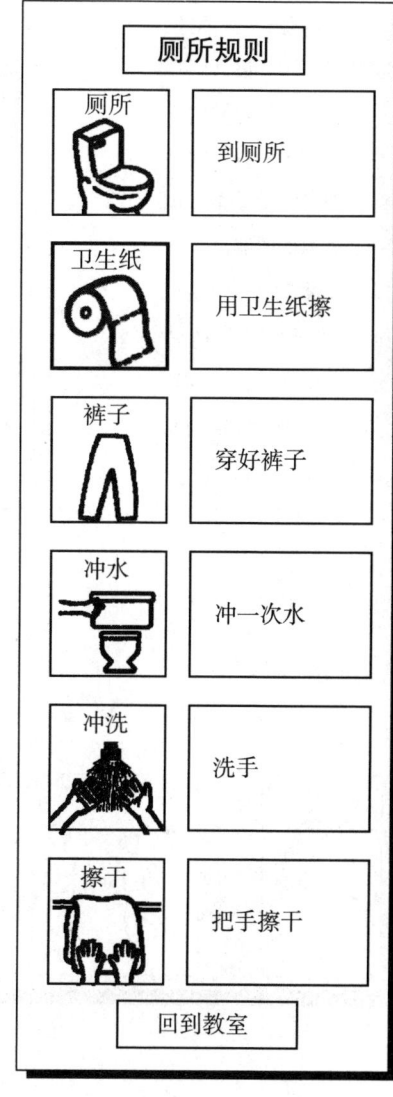

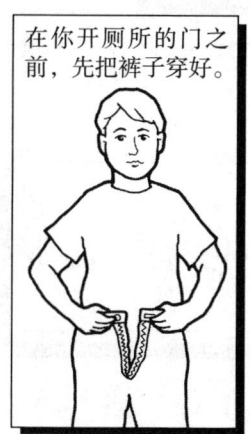

在你开厕所的门之前，先把裤子穿好。

看着朋友

这里有一些针对处理具体问题而设计的规则。确保已将重要的信息涵盖在规则内，避免将规则弄得太复杂，删除不必要的步骤。针对某个具体问题建立的规则，要符合学生的情况。当你看到规则时，就应该能确切知道问题是什么。

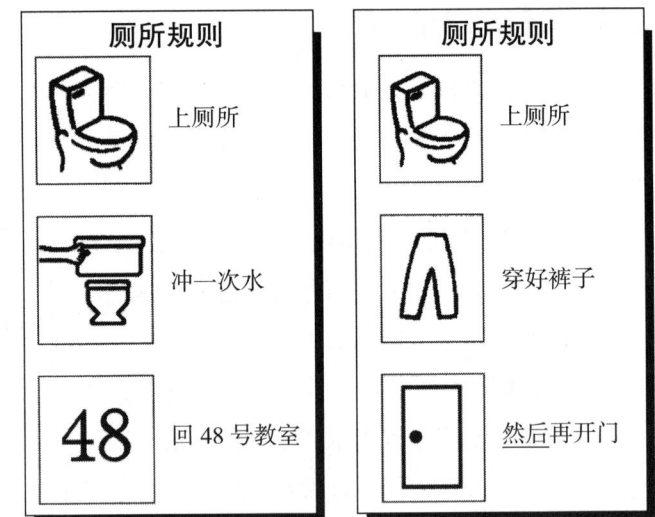

第九章 用视觉工具调整行为

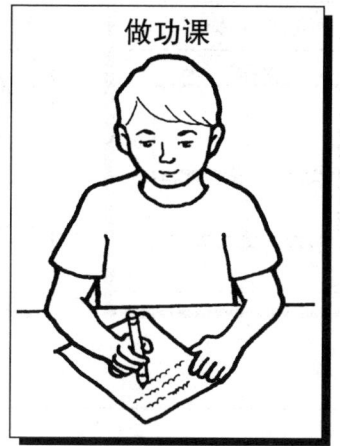

对大多数的学生而言，这些设计都可行。有些学生对某种设计的反应可能优于其他学生。

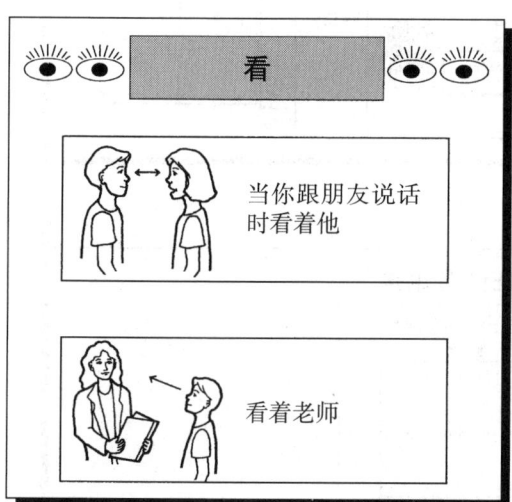

> 这里的问题是，有位学生跑去找他喜爱的书和录像带，而未从教室直接去体育馆。哪一种设计对他最有帮助呢？也许你需要尝试多种设计。

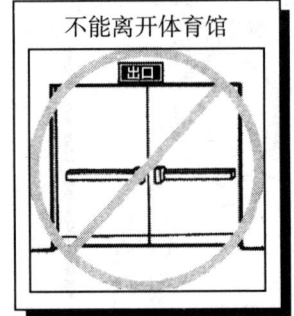

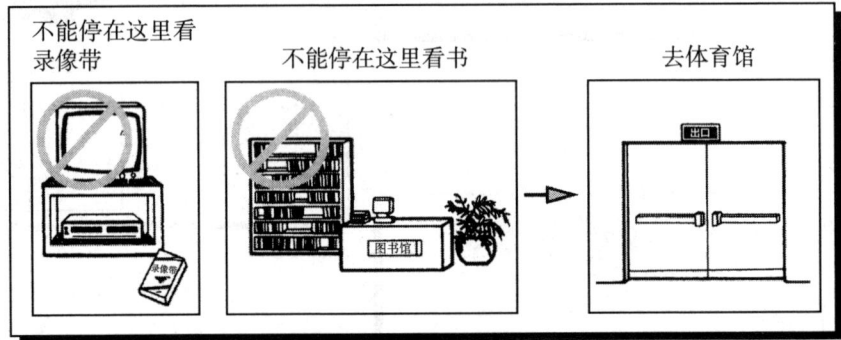

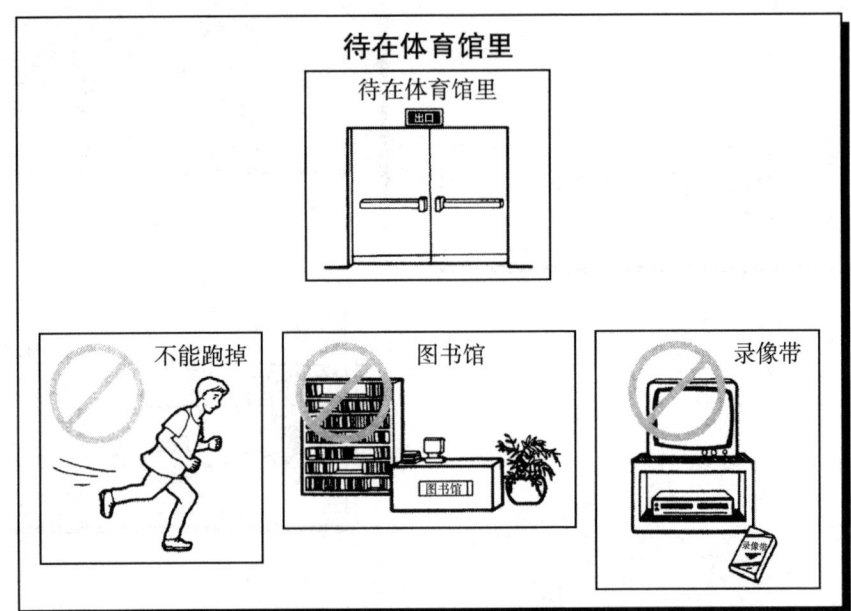

更多的范例：

如果规则和行为指南设计得好，你可以通过观察它们，很清楚地知道问题是什么。看看这些例子：

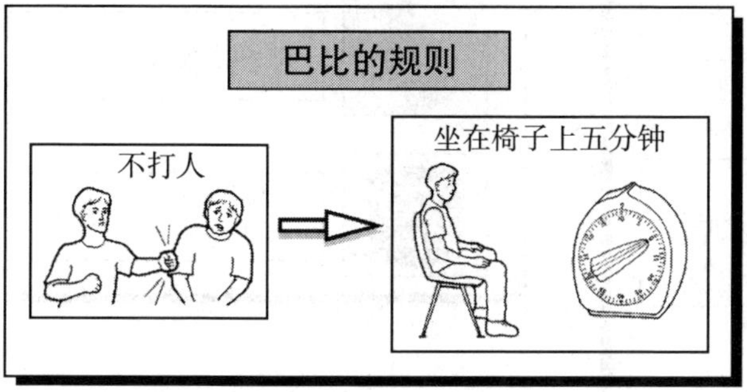

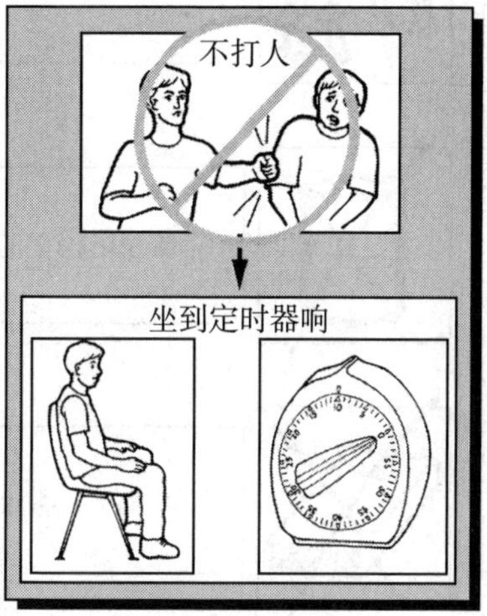

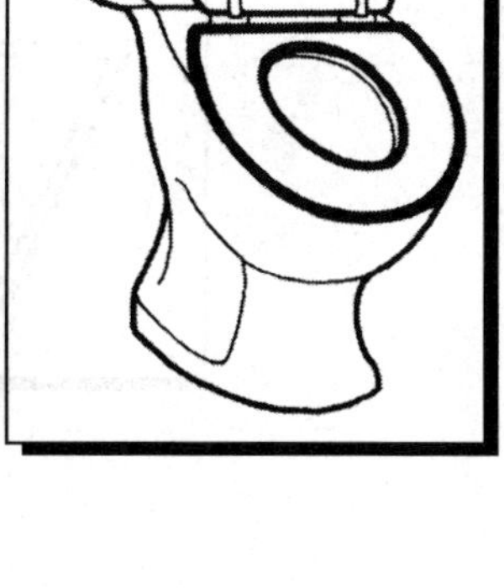

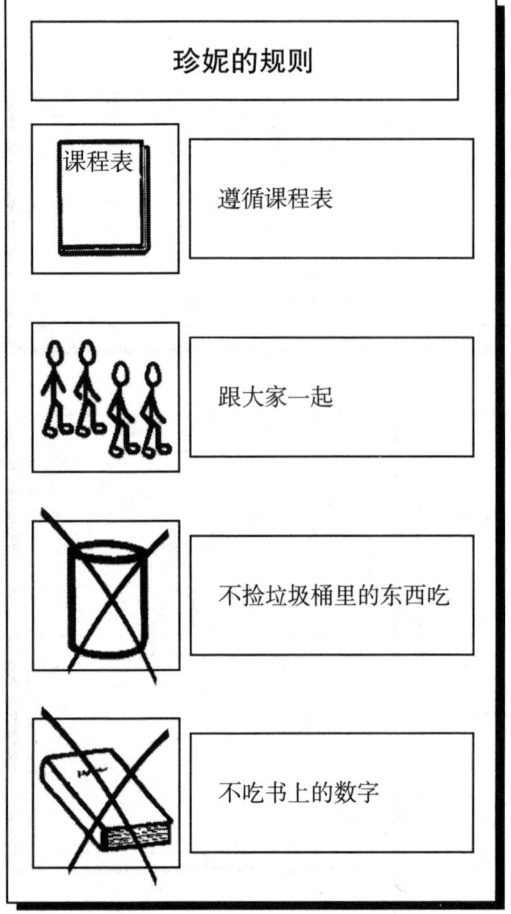
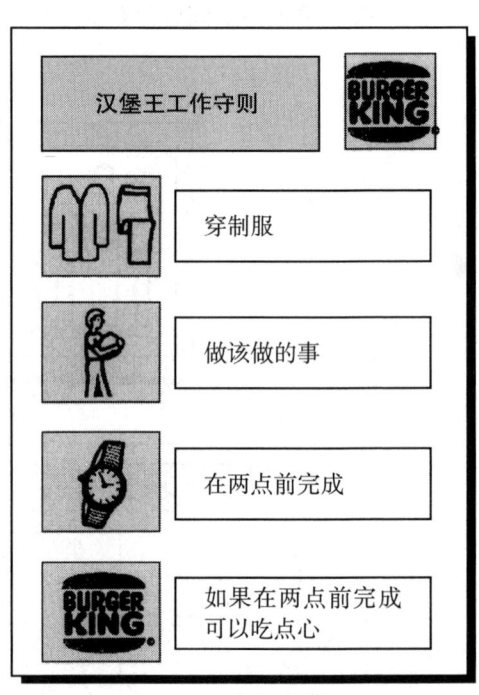
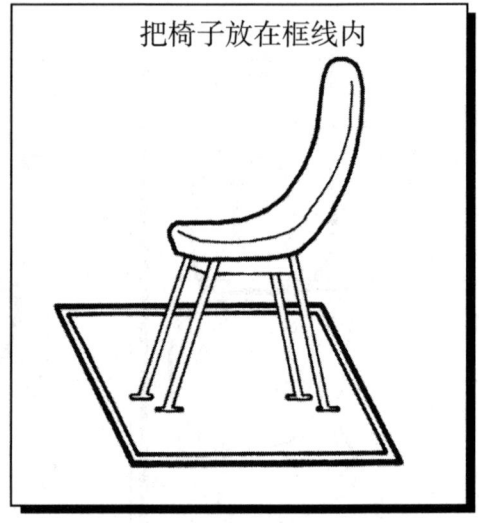

重点：

视觉规则可以帮助学生：

· 界定该做什么。
· 明确表示什么不可以做。
· 提醒学生如何掌控自己。
· 帮助学生知道什么是被期待的行为。

发展视觉规则帮助成人：

· 分辨哪些行为是关注的重点。
· 特别指明什么是学生该做或不该做的。
· 帮助成人把注意力放在纠正目标行为上，而不是对付学生所做的每件事上。

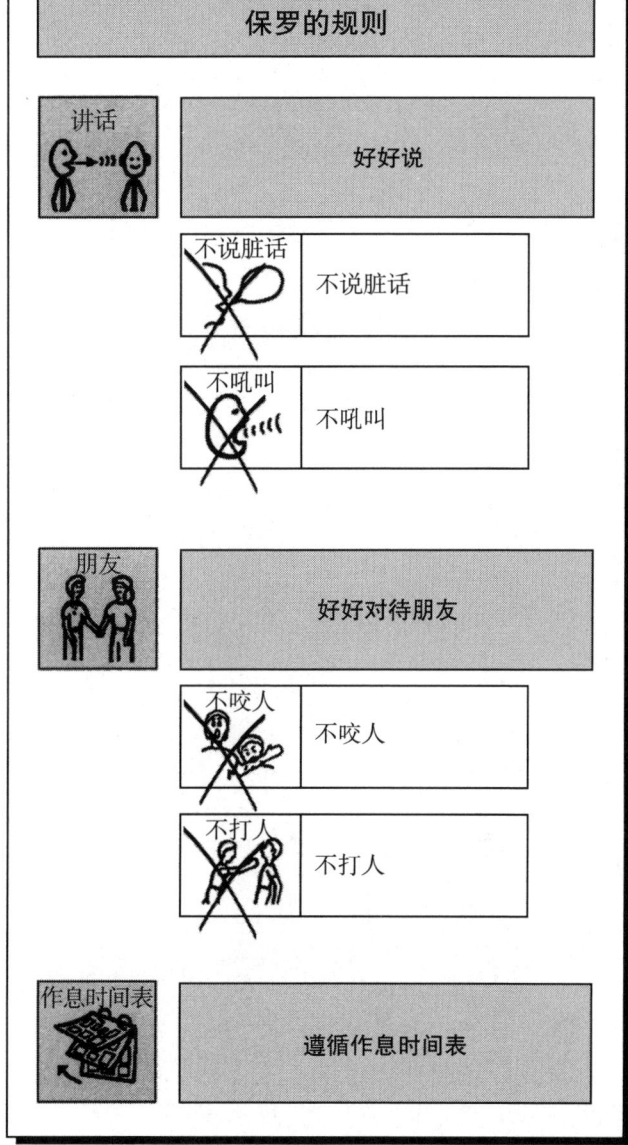

第十章
用视觉工具提升语言技能

当学生开始发展语言时，他们的行为很可能在变得更好之前反而变得更糟。语言的出现可能会使学生和父母或老师都备感受挫。

什么？为什么发展语言会引起问题行为？这听起来不合理。

有位妈妈这么说："过去我以为，只要我儿子能说，所有的事情就不再是问题了。现在他开始说了，我却发现问题并没有消失。"

她意识到，她的儿子开始学说话了，但这并不表示他可以成功地使用语言，获得他想要的东西。这就是问题行为的症结所在。

我还是无法理解说话是如何造成问题行为的。

如果学生无法运用语言成功实现自己的意图，他们便会采取过去有效的行为。当语言无效时，他们会使用任何他们认为有效的方法。

> 许多孤独症学生并没有口语。这方面百分比的波动是随着被诊断为高功能学生数量的增加而出现的。许多问题行为可能跟学生的表达能力有关。要记住，有口语不代表学生可以成为有效的沟通者。有意义的沟通的出现，需要综合各种不同的技能。不论学生是否发展出口语表达，有效的沟通是最基本的目标。对已经发展出口语能力的学生，教给他们可增强实际人际沟通的词汇很重要。

> 把语言学习想象成学习其他技能，如操作计算机。有些人一坐下来就开始敲打键盘，他们似乎自然而然地就知道怎么操作。另一些人则需要在他人的帮助找到按键来启动计算机。

语言发展是一个过程，学生需要学习非常多的词汇，还要学习如何使用这些词汇。学习使用语言的过程可能非常坎坷。普通孩子似乎能自然而然地学会词汇，并在人际互动时知道如何使用以满足他们的要求和需要。我们的方案对象就无法做到这样，关于该做什么以及该怎么做，他们经常需要提供非常精确和具体的指导。

- 有些学生学的每个字都需要教导。
- 有些学生需要经过特定的训练，才能启动自己的"语言机器"。一旦启动了，他们将开始在周遭环境中学习更多的语言。
- 有些学生出现了与普通学生相似的语言发展模式，但在语言使用方式上仍存在差异。

这些学生可能需要在别人的帮助下学习如何用语言替代那些不太讨人喜欢的行为，他们需要学会为各种不同的生活情境选择适当语言。只有知道了要教学生哪些语言技能，才能促进问题行为的改善。让我们进一步探讨吧！

▶ 促进刚出现的语言技能的发展

当学生出现语言时，判断应该教他们哪些词汇将会是个挑战。观察他们的行为，有助于我们明确他们可以从哪些情境中学习更多的语言。我们的目标是选择对学生有意义的语言，教他们与他人互动的技能。

我正在为学生寻找好的语言课程

要认真评估。许多课程都以言语和语言为导向。语言课程常会列出学业导向的词汇，训练方案普遍从颜色、数字、农场动物及其他学龄前的典型词汇开始。虽然那些都是很棒的词汇，但并不能帮助学生操控情境以满足他们的要求和需要。他们没有教给学生必要的沟通技能以替代问题行为，因此，学生就继续使用这些行为，试图支配人们或环境。教他们用多样、为人所接受且有效的方法达到相同的目标，才是教学的重要起点。那些课程中所教的词汇可能帮不上忙。

> 命名图片是普遍的早期语言学习活动。当孩子开始发展语言能力时，我们花很多时间跟他们一起看故事书，给上面的物品、图片命名。当孩子学会新的词语时，他们就可以用那个词语实现各种目的（功能），例如，学了"鞋子"这个词语后，他们用这个词来提要求（"请帮我系鞋带。"），或是提问题（"我的鞋子在哪里？"），或给出评论（"看看那双可笑的鞋子！"），或表达抗议（"我不想穿鞋子！"）。
>
> 同样的教学方法也经常被用来教导沟通障碍的学生。但其中有些学生的学习方式是不同的，尤其是孤独症学生。在学会命名图片后，他们并不能轻易地泛化这项技能，例如，他们可以命名香蕉或录像带的图片，但是他们可能无法使用这些词语跟你表达实际要求。即使他们能够命名鞋子的图片，却并不表示他们有能力请你帮他们系鞋带。这些学生似乎在真实情境中学习语言的效果会更好。与其只是命名图片，不如让他们在真实情境中学习使用这些词语。当学生在真实生活中有需求时，试着抓住这些机会教授语言。

选择具有以下特点的词语：
- 帮助学生满足他们的要求和需要。
- 让学生能够掌控一些生活情境。
- 给予强烈的人际回应。

・帮助学生参与生活的常规和活动。

选一些经常出现的词语，这样学生就可以不断地练习。当学生有很多机会使用这些词语时，他们就能更快地学会。他们会使用这些对他们有利且有意义的词语。

▶ 选择要教授的词语

你可以更明确一点吗？你建议教授哪类词语呢？

思考学生的需求种类，想一想他们的行为在试图表达什么想法。学生经常在试图满足需求时遇到困难，他们的主要沟通意图可能是表达请求或抗议。

下列是教导有效的早期沟通的一些建议，但它们不是依照重要程度排列的，有许多不同的词汇可以表达这些想法，想一想有哪些。这些未必正好是学生使用的词汇，但可能是学生想要表达的概念。

要求：

・注意我 / 看着我

・要求食物

・要求物品 / 玩具 / 人 / 活动

・我要_____

・求助

・洗手间 / 便盆

・我想要做_____

抗议：

・不

・我不要这个

・不要吵我 / 请离开

> 如果某个学生有问题行为，而他也没有有效的语言技能可以满足他的要求和需要，就请不要浪费时间教他指认动物园的动物！

・我要逃开／离开

・这是我的

社交互动：

・嗨／再见

・看看这个

・看看那个

・喔！

・喔！不！

・我做完了／全做完了

・全没了

・换我了／换你了

・我们一起玩

・我爱你

与生活和学校常规相关的词汇：

・课程表的词汇

・去的地点

・在我生活中的人

・歌曲和活动的词汇

・我喜爱的东西／活动

・我想要的

・我的感觉

➡ 更多关于如何选择词语的建议

那些是对年幼孩子很有帮助的词汇。对于较年长的学生或比较会说的孩子呢？

  首先，不要因为学生说得比较多，就被蒙骗了。即使他们说了很多词汇或句子，也并不表示他们真的能够表达那些想法和词汇。要确保他们能有效地表达那些需求；一定要根据学生的具体情况，教授更多的词汇。建议参照下列方法：

- 重点教授能替代问题行为的词汇。
- 构建与学生生活常规相关的词表。
- 教授可以帮助表达要求和需要的词汇。
- 教授可以更有效参与社交互动的沟通技能。
- 教学生他们感兴趣事物的相关词汇。

挑选词汇的重点是牢记大方向，这样就能知道需求的优先级。许多家长或老师一开始却是教导这样的词汇：

- 不具社交互动的功能性目的。
- 不常出现在孩子生活当中。
- 太过特殊或太过普通，不实用。

> 引人深思的事：如果学生只学习表达十件事的话，那应该是什么事？

教词汇时，还有其他需要考虑的吗？

有的。还有一个重点与我们所关心的问题行为高度相关。当学生的语言能力不断发展，并加以运用来表达他们的要求和需要时，我们会假设他们所说的词汇能真正地表达他们意图。这就是亮警示灯的地方！不要就此认为他们说出来的话就是他们希望表达的正确字眼，这是很重要的一点。

这些学生中很多人都在词语检索、记忆和组织上存在困难。有时候他们使用自己会背诵的一整句，却并不能明确表达出真正想要的。他们的体验就像你闭着眼去抽屉里找袜子，你找出了一些可以穿的袜子，但颜色或样式却不是你想要的。同样地，轮到学生说话时，他们可以找出词汇，却无法找到最适合的字眼。幸好，可以通过练习帮助他们。

当这些学生感到沮丧、苦恼或事情发展不如他们所愿时，他们确实会崩溃。讽刺的是，在生气或非常紧张时，少数学生竟能突然变得非常会说话，语言异常地流畅。大多数学生在紧张的时候，则是糟糕得根本无法思考和找出他们需要的词汇。

- 在表达自己时，迫于时间的压力，他们可能面临更多困难。
- 他们知道或能够说出的词汇，可能不是他们真正想要的。
- 他们说的话无法表达真正的意思。
- 他们在要求某一样熟悉的东西时，如果得到的不是他们真正想要的，他们为此会变得更难过。

在这些具有挑战性的时刻，他们选择的词汇并不一定切合他们的需求。他们外显的意图并一定与内心真正的意图相吻合。你可以想象这样会引发什么问题了。

如何帮助学生更准确地使用语言？

首先，当问题发生时，你必须明确问题所在。学习如何更好地听他们讲话，这里有一些方法：

1. 找出学生正在使用的却无法完全表达其想法的词汇。
2. 不能只听学生所讲的词汇，还要听出那些词汇的潜在含义，关注整个事情的来龙去脉。
3. 观察学生的非口语沟通，这些示意动作也是在辅助传达他的意图。

重点应该是教沟通，而不只是说话。教学生利用视觉工具辅助表达意图。视觉支持可以帮助学生组织思路，使他的口语表达更精确，清楚地传达他的意图。

▶ 教沟通，不只是说话

重点应该是教沟通，而不只是说话。教学生运用综合的方式将想法表达出来。教学生利用有效的示意动作辅助表达意图，从而使他们变得更能与人互动，更容易达到自己的目的。当教学生沟通时，一定要教他们综合的技能。即使他们能说，也要强调运用多种非口语策略来辅助沟通。也就是：

1. 利用图片辅助沟通。
2. 在说"不"的同时，摇摇头或做出把东西推开的动作。
3. 在请求帮助时，握着东西。
4. 在提出要求时，可以指着一个字或把字写下来。
5. 走近一个人，握着他的手，把他拉到目标地。
6. 运用多种不同的手势。
7. 运用肢体语言。
8. 靠近某人（接近那人）。
9. 从某人身边走开。
10. 以手指物。
11. 展示物品或者示范动作。
12. 展示图片。
13. 用书面文字分享信息。

范例：

问题： 拜伦拼命地要打开他的保温杯。有时候他可以自己打开，有时候却不行。一有困难，他就立刻尖叫并扭动身体。

萨曼莎正在学习上厕所，但是她没办法拉上牛仔裤的拉链和扣上扣子。于是她由着裤子掉到膝盖，就这么走回教室。

只要有其他学生靠近多尼最喜欢的电动玩具，多尼就会打他。

上课的时候，乔经常要求去喝水，但是他似乎不是真的想喝水。他只是在饮水机旁边站很长一段时间，并且在走廊上四处走动。

每当有人问马特"你要什么？"时，他总是回答："果汁。"但如果你给他果汁，他就会哭起来。接下来，如果他看到还有其他可选的物品时，就会换到这些物品上。

散步

不准碰！

原因：这些学生不知道或不能使用合适的词汇帮助自己处理在意的事。

解决方法：教给他们适合情境的有效词汇。拜伦需要学会请求帮忙，萨曼莎也是如此。如果多尼可以告诉其他人离他的电动玩具远一点，他就不会觉得受到威胁了。也许乔需要学习如何提出休息或散步的请求，这两个选项更能满足他的需求。马特如果可以看菜单并能说出想要的选项，就能感到更满足。

尽量在真实的情境中，教授学生当时所需的词汇。借助模仿，并利用视觉工具帮助学生记下怎么说。

问题：人们跟托德打招呼时，他没有回应。
原因：托德不知道该说些什么。
解决方法：给托德提供一些建议，给他机会练习。

> 孤独症学生常被认为不太会泛化。他们很难把从某个情境中学来的技能运用到另一个情境中。在真实情境的对话中教授功能性词汇，泛化的问题就会减少了。要试着把握这种机会。最理想的是留意学生并预期他的需求，在他要出现问题行为之前，教授这些词汇。

```
打招呼时说的话
1. 嗨！
2. 你好吗？
3. 在忙什么？
4. 最近如何？
5. 击个掌吧！（用手问候）
```

当有人进教室时，说"嗨"！

当有人离开时，说"再见"。

```
订一个大比萨
辣味香肠
火腿
青椒
```

说 → 我不知道

说 → 我不想玩

问题： 罗恩知道怎么说，但在有压力的情况下，他会变得惊慌。他得花很长的时间想，或者压根就忘了该说什么。他不记得要说什么，最后重复一堆别人所说的话，而这根本无法达到他的目的。

原因： 罗恩花很长的时间准备该怎么说。对他而言，找到能够表达他的想法的准确词语很困难。他的大脑功能就是这样运作的。

解决方法： 如果罗恩可以看着帮助他记忆的某样东西，他就能说得快一点，并且记住他需要说什么。辅助卡可以帮助他在有压力的情境下，更流畅地使用语言。

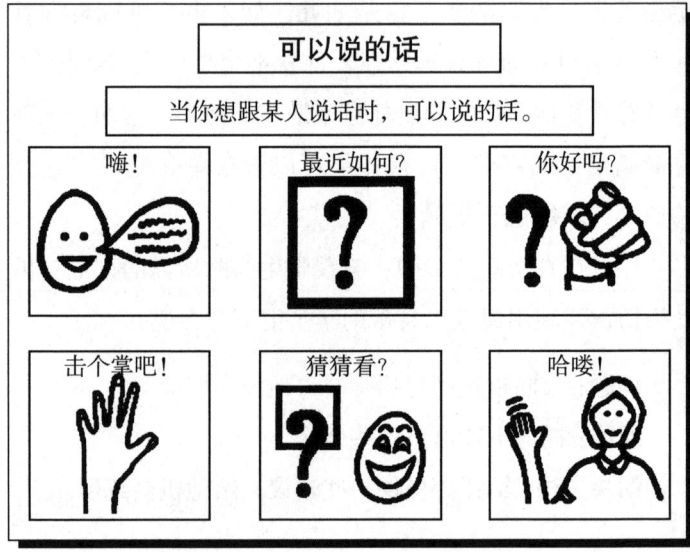

问题：当有人问吉娜问题时，她看起来在很专心地听，但总是很快地回答："我不知道。"即使她知道正确答案，也回答不上来。

原因：吉娜已经养成了抢先回答的习惯，她回应得太快，以致没有足够的时间找出答案。

解决方法：当吉娜在思考答案时，需要改用别的话来代替"我不知道"，让对话得以继续。为她提供一份选择清单，帮助她选择更适合的回应。之后，在对话中，她可以运用更多不同的回应方式。

重点：我们需要教授有助于学生掌控情境的词汇。如果语言表达比行为更有用，学生就会使用语言表达而不是行为表现来满足需求。

关键在于，要教授词汇和适当的沟通行为，以替代问题行为。

> 代替"我不知道"，可以说：
> 1. 我不记得。
> 2. 我还没有想到。
> 3. 我不确定。
> 4. 我需要时间想一想。
> 5. 这个问题我需要帮助。
> 6. 我不大想讨论这个问题。
> 7. 是的。
> 8. 不。
> 9. 我不知道答案。

▶ 沟通感觉

教育工作者和父母最普遍的期望之一是让学生"学会表达他们的感受"。如果学生能够表达的感受越多，行为就会越少。如果他们可以告诉我们他们的感觉，我们就不需要再猜那么多。不幸地，教导这些技能比想象中还要复杂。即使是成人，也可能难以表达他们的情绪和不舒服的感觉，这就是为什么我们的社会有许多的咨询师和支持团体，还有知名的谈话性广播节目，这都是为了帮助人们学习而设计的。

这是个没有明确答案的复杂话题。这里的目标是探讨与本书"行为、沟通及视觉策略"主题相关的沟通表达。

为什么表达感觉这么困难？

感觉是非常抽象的。不仅限于那些有社交与沟通障碍的学生，对许多人而言，表达这些抽象的想法很困难。

这不就是孤独症学生障碍的一部分吗？

是的，这就是这些学生的核心障碍之一。有些学生比其他人更有能力表达感觉和情绪。然而，就孤独症的定义而言，这是他们全都需要接受挑战的领域。成功的社会化有赖于在这个领域中有效技能的发展。

哪些是需要教授的重要技能？

人们想要教授表达感觉的主要原因是期待它能帮助改善行为状况。当学生心情烦闷时，能够知道原因再好不过，这样我们就可以知道如何帮助他们。同样地，当学生生病或疲倦时，弄清楚导致不舒服的原因也会让人安心。人们认为，如果学生可以把自己的感觉说出来，如"我很失望"或是"我很无聊"等，就可以解决问题。不过，这不太可能！

教给学生最好的技能是帮助他们学会处理生活中的情绪事件，这表明我们要针对非常具体的问题和情境教授技能。其实，对心理状态进行归类并不比教授沟通技能更重要，因为沟通技能可以：

- 给学生提供适当的方式表达他心里的感受。
- 帮助学生掌控具有挑战性的或情绪性的情境，满足其要求和需要。

> 当我们想到情绪时，就很容易把焦点放在不好的感觉或负面情境上。别忘了，还有许多情绪状态是积极的。不过，即使是积极的情绪状态，也会导致不当的行为。

我教的是高功能的学生，他们说很多，并具备很多学业技能。那他们在这方面如何呢？

不要被学业成就所蒙骗。阅读或数学技能再高，也不能保证他能成功地表达情绪。事实上，学业表现优异的学生，在这方面可能会面临更多的麻烦，因为人们对他的预期会更高。但是，学生的学业水平和他在高度紧张的社交或情绪性的情境下表达感觉的能力完全不同。有本事处理计算机的复杂问题，但这并不保证有能力表达抽象的情绪概念。

高功能的学生即使在一般的交谈中有较多的语言，也可能无法在社交或情绪性的情境中运用语言有效地进行表达。特别是在遭遇极端情绪、挫折或压力的时候，他们可能根本想不到其他时候所使用的语言。无法用口语来处理问题的挫折感，经常导致更严重的挫折感或是行为失控。

表达一般情绪

学生容易表达一般的情绪，如：

快乐表示我很满足且生活愉快。可能表现为充满欢乐的笑声，或对当下的活动有强烈的兴趣。

难过通常以哀号、哭泣或抗议表示。当我得不到我要的、感到不舒服，或当一切都不如我所愿时，这种情绪就会出现。

发狂表示极端的抗议。夸张的大哭或其他肢体动作的表达，如舞动双手双脚，统称为闹脾气，都是这种情绪普遍的表达方式。肢体攻击则是另一种极端的抗议方式。

害怕是遭遇不熟悉或者预期负面事情时的表达，可能以哭泣或抗议的形式表现，是逃避或产生慰藉的一种方式。

痛苦或**生病**可能是身体不适，从轻微的碰撞或尿不湿

> 情感的表达通常与极力提出请求或表达抗议息息相关。情绪是非常抽象的，但表达与情绪联结的请求或抗议被认为具体得多。对学生而言，将这些技能混合在一起，可产生最成功的效果。

了，到牙痛、发烧或骨折。痛苦或生病可能会以一连串反应来表达，从寻求慰藉、哀号、哭泣到大发脾气或肢体攻击。

疲惫是学生经常表现出的一种对抗状况。疲惫能彻底地改变他们处理情境的能力，这些情境在他们不累的时候根本不是问题。疲惫时，常见的反应是心烦意乱或发狂，表现方式如上所述。

饥饿是常常一再出现的需求。孩子们表达饥饿的方式差别很大。

这就好像孩子有一张清单，他可以选择其中的项目来表达自己。婴儿的沟通方式有限，他们的清单上能选择的项目也相对有限。当孩子长大时，随着回应能力的增强，清单上的选项也在增加。

当出现需要情绪回应的情况时，孩子就到他的清单上，选一项进行回应。如果你意识到在有限的清单上，大多数的选项都是哭泣或抗议，就明白为什么学生不断地以负面的方式回应了。因此，接下来的目标显而易见就是增加学生清单上的选项。

挑选词汇

你建议增加学生的词汇，那该教哪些词汇？

孤独症的部分障碍是阅读和理解社交线索困难。那么，除非你教导的学生有丰富的语言能力，理解力又强，要不然最好是锁定在那些适合的一般性词汇上，例如：快乐、难过、发狂、害怕。加上描述最普遍需求的词汇，例如：饥饿、疲惫、生病。如果那些具体的词汇不能满足你的需求，就选择一些能够表示普通状况的类似词汇。虽然这个清单没那么复杂，但那些词汇足以适用于学生面临的大部分情境了。

持续教授少量词汇，让学生学会并有能力使用，比教授大量词汇而造成的混淆来得好。别忘了，社交理解力要足够高，才能分辨感受间的差异，例如：厌恶、羞愧和困惑。

表达情绪

教学生表达感觉或需求最好的方法是什么？

抓住时机，在真实情境中教他们需要学习的词汇。

- 如果学生用行为表达他的情绪，一定要运用词汇和图片告诉他他的体验。
- 引导他弄清楚要沟通什么。
- 向他示范如何提出对解决问题有所帮助的要求或抗议。

指认情绪状态只是解决问题的一小部分，处理情绪状况最重要的环节是采取某种行动改变情境。提出要求、表达抗议或选择不同的方法，都是可以成功缓和那些情绪状况的方法。

> 常见的教学方法是让学生指认不同情绪的脸部图卡。这类活动的问题是学生可能学会指认图卡，但不懂得如何在真实生活中表达情绪。指认图卡无法确保当他面对别人表达的情绪时，知道该怎么办或如何回应。指认活动也不能教他如何处理自己的情绪问题。

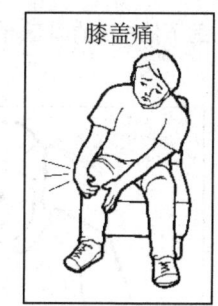
膝盖痛

范例：

情境：特伦特不停地将他的功课推开，并滑下椅子，坐到地板上。每一次老师要求他坐回椅子，他就拍着地板大声说"不"。他继续大声喊着："我不用做功课！""功课很无聊！"之类的话。老师注意到特伦特的黑眼圈，猜测他要么是身体不舒服，要么就是累了。

累了

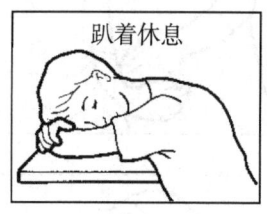
趴着休息

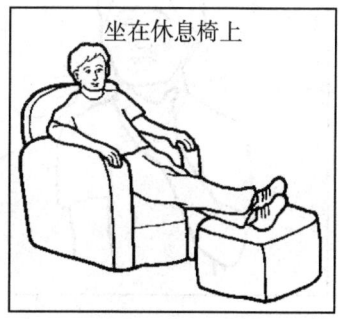
坐在休息椅上

原因：老师不确定自己的猜测。有时候无法清楚地了解学生为什么有困难，就必须猜测。我们需要像福尔摩斯一样开始调查。老师问特伦特一些问题以期获得更多信息："你觉得不舒服吗？""你累了吗？"她得到的答案无法清楚地回答这些问题。然后老师拿出图片，开始问一些更具体的问题："你觉得哪里不舒服？是脚痛？是肚子痛？""你想睡觉吗？"当她问到有关睡觉的问题时，特伦特接话了。他开始说一些与床有关的事情。

解决方法：老师明白了特伦特的需求后，她做了三件重要的事。

她告诉特伦特他的感觉是："特伦特累了。""特伦特想睡觉。"老师利用图片，鼓励特伦特告诉她："我累了，很想睡觉。"

接着，她给他一些选择："你可以把头趴在桌上休息，或者坐在休息椅上。"这件事过后，老师再次走过去跟特伦特讨论。她再度利用图卡跟特伦特讨论很累时怎么办。他选择了休息椅。现在他感觉很好，可以做功课了。她甚至把这件事写成故事形式。

即使特伦特无法说，老师之后还是

> 有许多不同的惯用语用于形容孩子不舒服的感觉。选一个你认为对学生最有帮助的惯用语，写在图卡上。试着写下他能说的词汇。

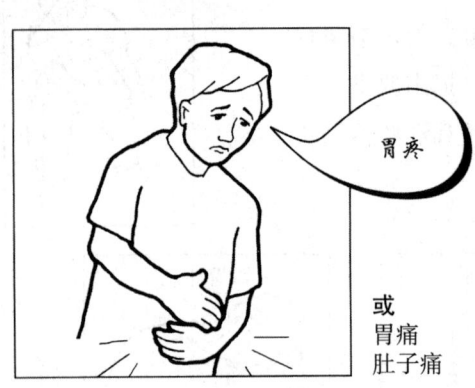

或
胃痛
肚子痛

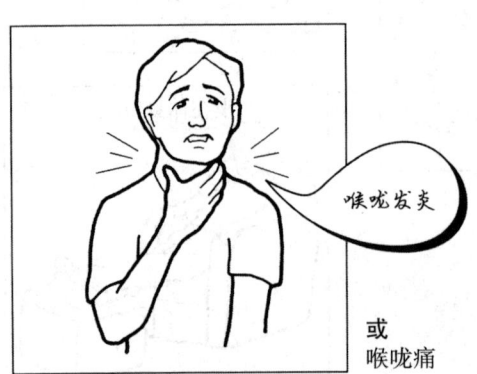

或
喉咙痛

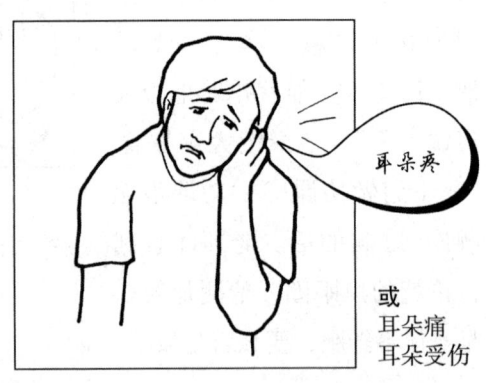

或
耳朵痛
耳朵受伤

可以用相同的步骤告诉他之前的感觉，让他做选择和回顾情境。在这些对话中，视觉工具是关键。

问题：凯西一直在哀号。他开始靠过来咬人、撞头，还出现了一些已经多年未曾出现的行为。凯西不会说，所以他无法告诉任何人他的问题是什么。

原因：针对这种状况，没人知道原因。仔细观察后发现，凯西不断地揉耳朵，于是大人们推测凯西是耳朵痛。

解决方法：首要的任务是就医。医生确认他是耳朵发炎了。一旦情况确认，妈妈就用词汇和图片告诉凯西他的问题是什么，然后帮助凯西用图片告诉爸爸他的耳朵痛。她鼓励凯西告诉爸爸以及当天出现在他生活中的每一个人。有时候你不知道问题是什么，但是当你确定后，要将之变成教育机会。

难过

鲍勃在当兵。
鲍勃远在佐治亚。
鲍勃很久都不会回家。
这让达朗很难过。

问题：达朗最喜爱的哥哥从军去了。哥哥离开家后，他每天漫无目的地走来走去和哭泣，还会询问有关哥哥的事情。

原因：达朗想念他的哥哥。

解决方法：这是教授表达情绪的好机会。达朗因为想念哥哥而难过，就告诉他"难过"的词汇，并呈现图片。语言技能很好的学生会表达他们的感觉，但是达朗不知道如何表达。谈论情绪有助于舒缓这种情绪。把它写下来，以后你还可以再谈一谈。

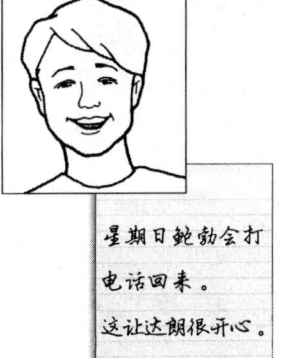

快乐

星期日鲍勃会打电话回来。
这让达朗很开心。

确立假设与教授词汇

总有这样的时候，你不知道问题或需求是什么。有时候你可以检查一下当时的情况。例如，学校护士为确认学生是否发烧，会打电话到学生家里，询问有关他的健康或疲倦的状况。有时需要你最专业的猜测。然后，给学生一些配合猜测的选择。当你的猜测正确时，记得把它当成一个学习机会加以利用，以教授更多词汇。

对学生而言，在真实的情境中，教授词汇是最有意义的。尝试尽可能抓住你碰到的所有机会，并利用视觉呈现，将正确的词汇与真实的情境联结。理想状态是，在状况开始时就与学生谈他的感觉。有时候你可以这样做，但如果他真的非常沮丧，你可能很难从他那里听到太多话。这就是为什么在事情结束后，将事情复述一遍如此重要。

重点：
- 不论学生的语言发展程度如何，他可能无法在有压力或极度情绪化的情况下，好好表达自己。
- 视觉策略帮助学生更有效地表达情绪。
- 还是有许多学生学到了表达一系列情绪状态及考虑他人感受的技能。

第十一章
辅助自我管理的工具

在学生年龄比较小的时候,成人应为其提供结构化环境和常规,还应帮助学生处理出现的问题行为。使学生获得独立管理自己的能力是一项长期的目标,这表示需要学习如何以合理的方式掌控自己的行为,正确地管理自己的时间和个人的生活常规。视觉工具为达到这些目标提供了很好的支持。

▶ 教授自律的技能

学生依赖于我告诉他们有问题时该怎么办。他们永远需要外界的指引吗?

学生很容易依赖于让我们告诉他们要做什么。我们教会了他们跟随我们的指令,但是我们可能没有教给他们如何通过做选择和决定帮助自己。如果我们教会他们监测自己的行为和需求,他们会因此而受益,这是很重要的目标。许多学生能够学会一些有用的技能。

如何让他们学会监测自己呢？这不是很困难吗？

对很多人而言，这都是一项很难掌握的技能，不只是针对有特殊需要的学生。当人们感到困扰或难过时，很自然地会对引起这些问题的对象产生情绪化反应，停下来并做出改变，以不同的方式回应当时的情境，这很有必要。要做到这一点，对有行为和沟通障碍的学生而言，异常艰难。在状态最好的时候，他们都存在做决定和表达需求的困难。更何况是在压力的情境下，这几乎是不可能了。

你建议教些什么？

教给学生一种可以应付任何问题的技能，那是不可能的事。一般来说，可以试着从以下方面帮助学生：

- 帮助他们分辨自己当下的困难或需求。
- 给他们提供独自做不同决定的机会。
- 当他们冷静下来或准备好做不同事情时，教他们做决定。

你要怎么做呢？你如何教学生处理自己的问题？

别忘了，这些学生能从学习常规中获益。视觉线索和辅助也可以帮助学生学习，因此利用视觉支持为学生提供辅助教给他们一些常规，也就成了一种合乎逻辑的解决方法。这个建议不能解决所有的问题，但这是帮助学生更独立地掌控自己的开始。记住，当他们越不需要别人告诉他们要做什么时，他们就越接近成功。这里有一些例子。

范例：

问题：卡洛斯对吵闹声很敏感。当他觉得教室太吵时，他就会感到不舒服。当这种吵闹声不断变大时，卡洛斯就开始哭泣、咬自己的手腕或打其他的学生。他不知道如何应对这种情境。

原因：卡洛斯以他知道的唯一方式做出反应，他不知道如何改变环境。

解决方法：卡洛斯需要学习如何在那些不舒服的时刻，以其他的方式管理自己。老师帮助他学了一些可以表达自己的问题的语言，还制作了沟通工具来辅助他使用适用于当时情境的语言。此外，当他失控时，老师给他几个替代的方案供选择。开始的时候，她需要给卡洛斯看那些选项，帮助他选一个。在卡洛斯认识到别的方案也是不错的选择后，每当他受干扰时，他就开始在这些方案中做选择。

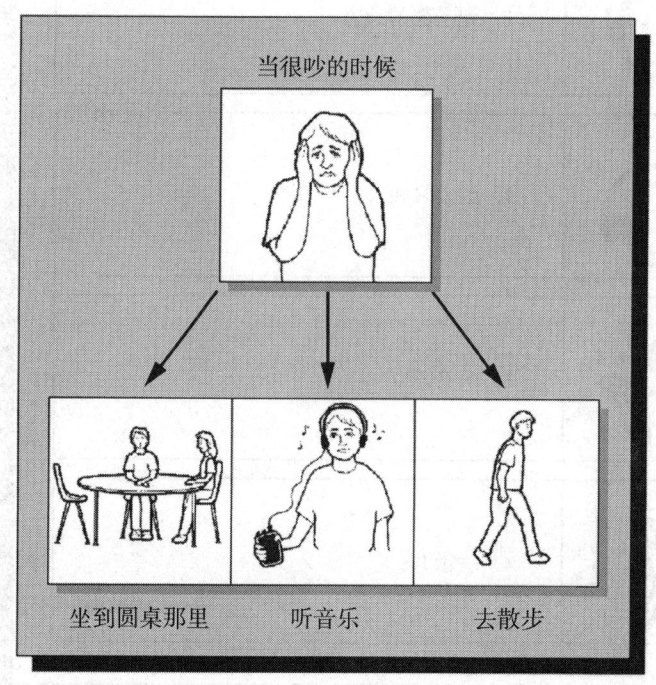

192 | 解决问题行为的视觉策略

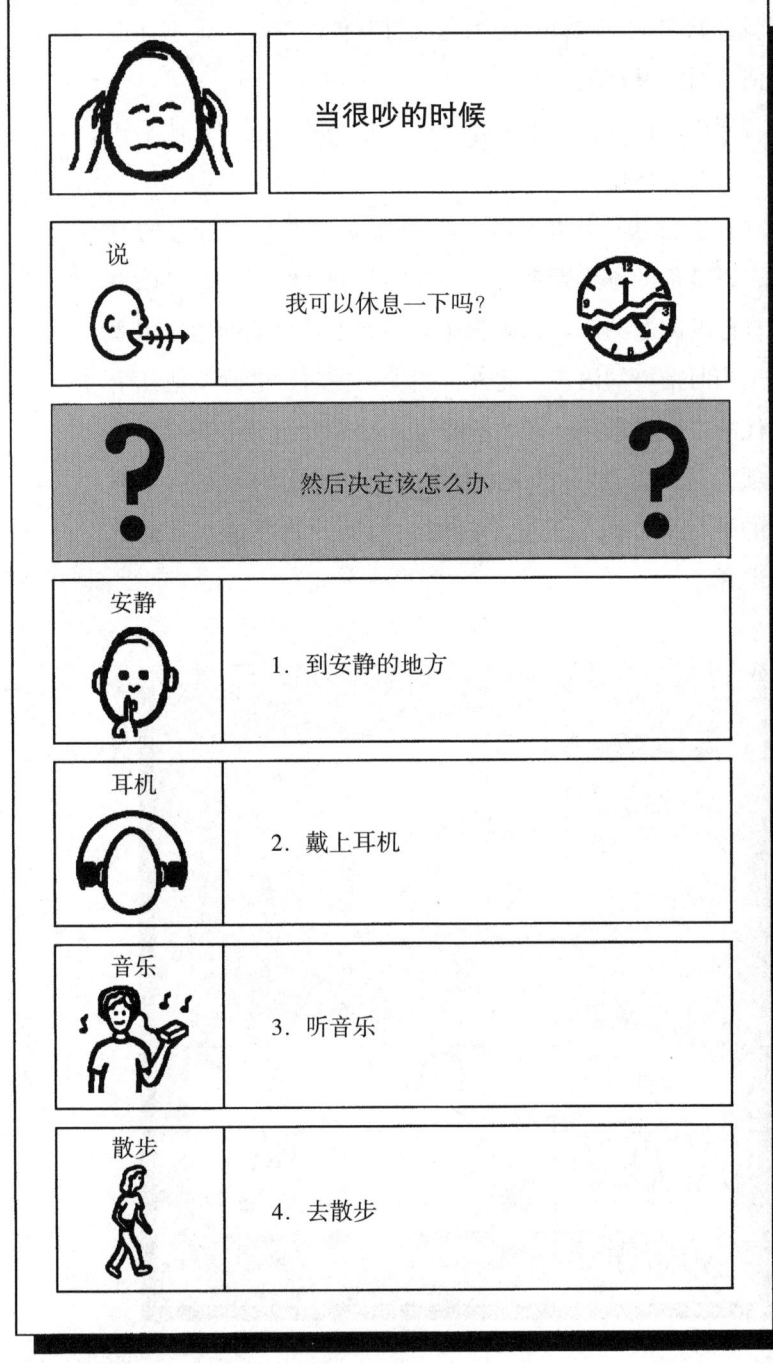

问题：鲍勃无法管理没有规划的时间。他心不在焉地拍打手臂，走来走去。然后他试着跟狗玩，但是他都做一些让狗狂吠的事。

原因：鲍勃需要很多的结构化。他似乎不记得都可以做些什么，也难以选择适合的活动跟狗一起做。

解决方法：教鲍勃做选择。给他一点提示，他才能选出比较适合跟狗一起做的活动。对鲍勃来说，选择清单在一整天中的不同时刻都会有帮助。当他没事做的时候，教他在清单上选某一样。长期的目标是让鲍勃可以独自选出清单上的选项。

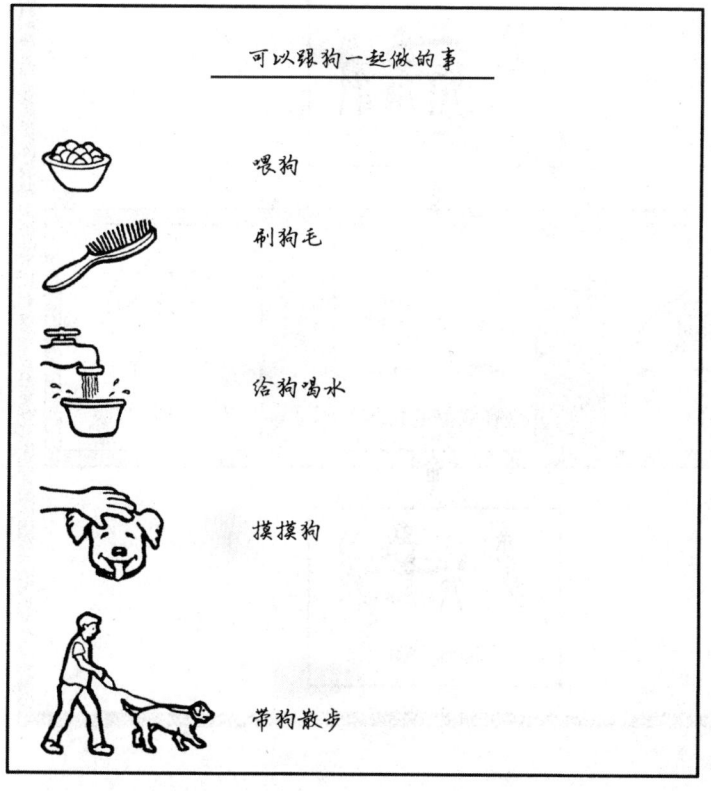

问题：总有些学生会因为各种事情感到紧张。一旦他们感到紧张，如果没有成人监测他们的行为，让他们冷静

下来就会相当困难。

解决方法：利用视觉工具引导学生进入冷静的状态，将视觉工具视为对适合行为的提示。一旦学生知道视觉工具所代表的意义，只需要呈现工具，就能够提醒学生该表现什么行为。参考以下这些例子。

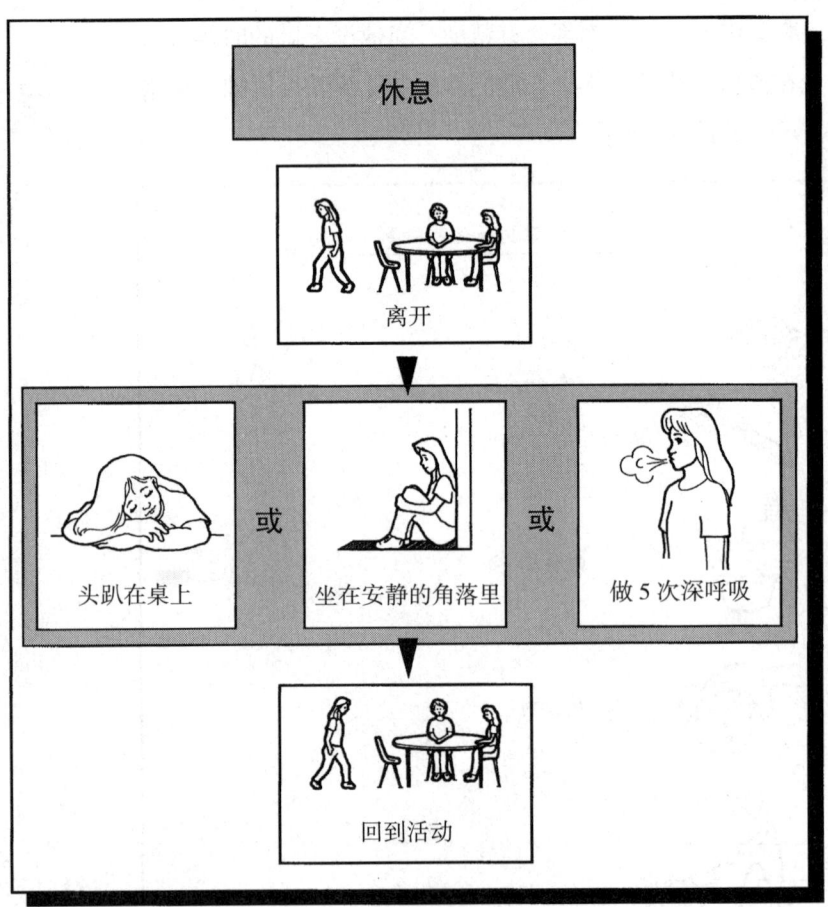

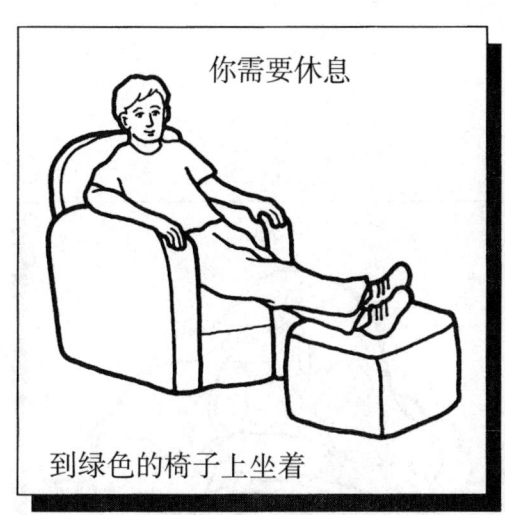

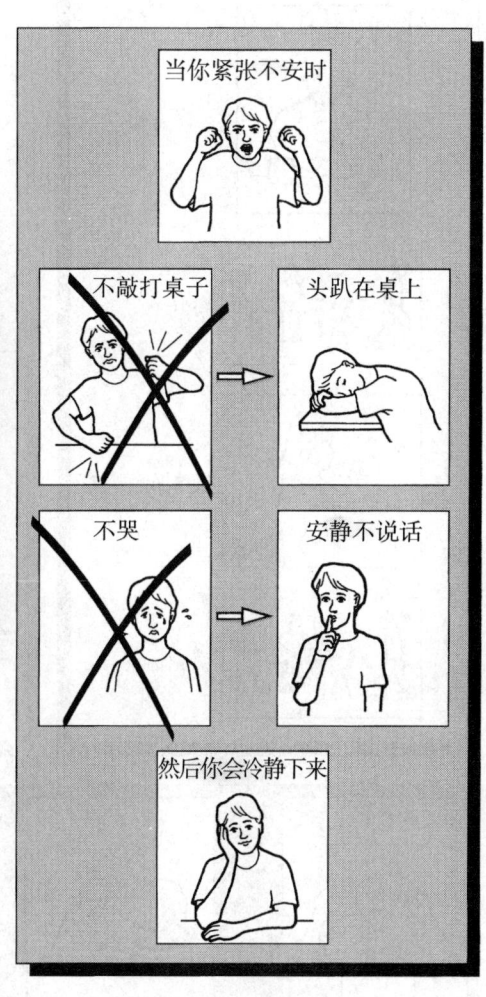

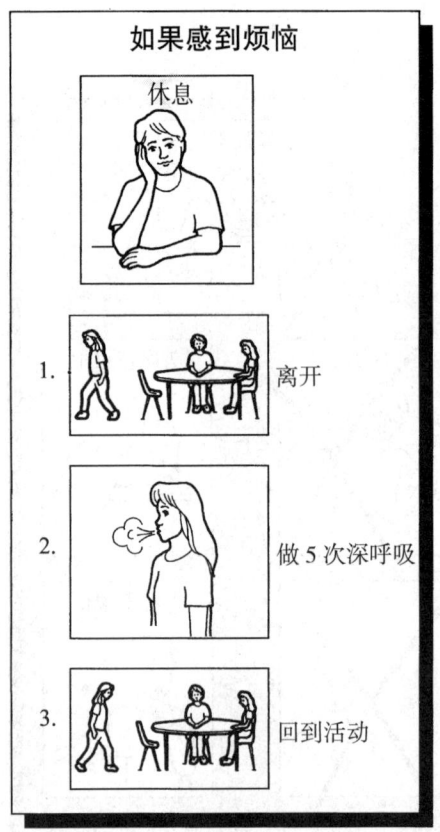

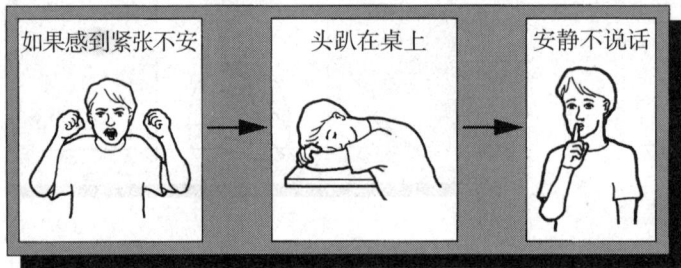

第十一章 辅助自我管理的工具 | 197

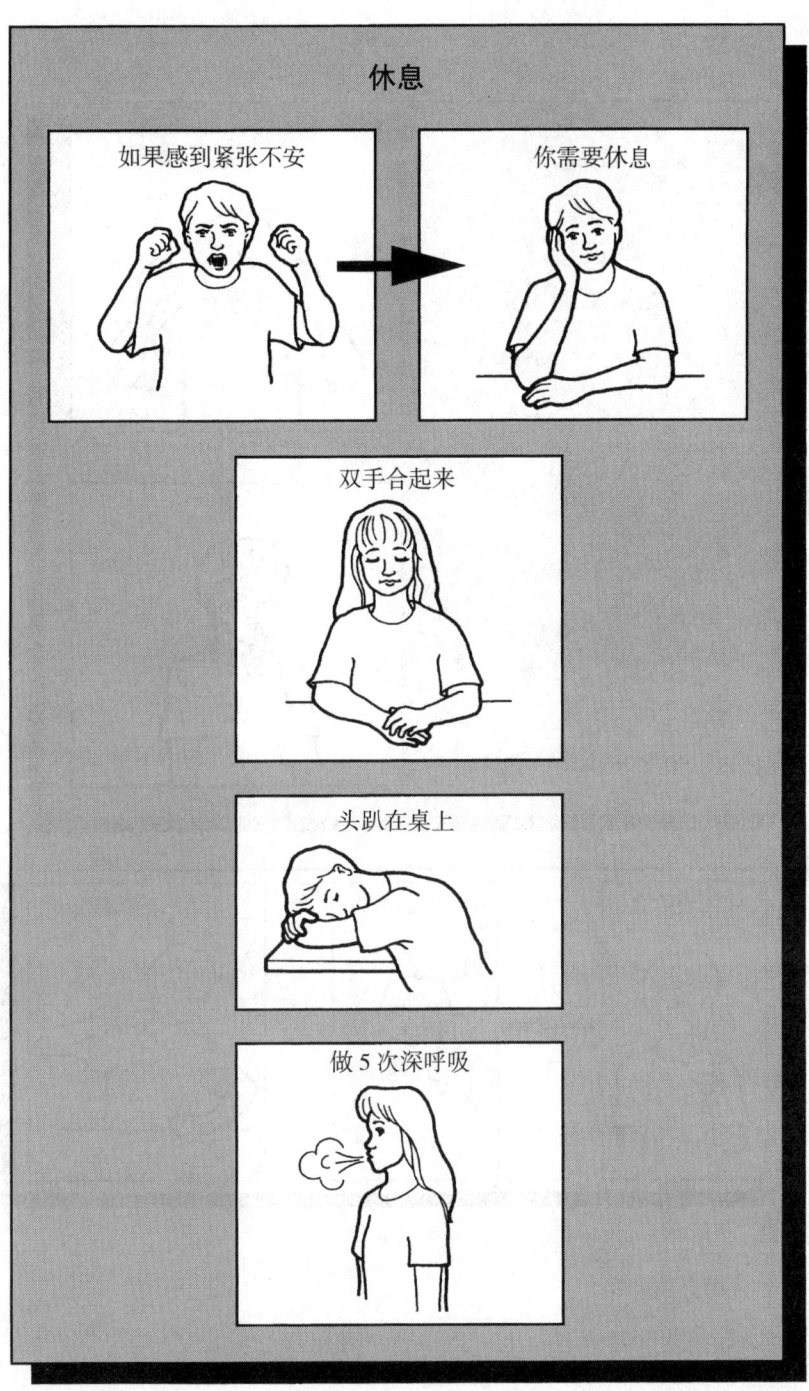

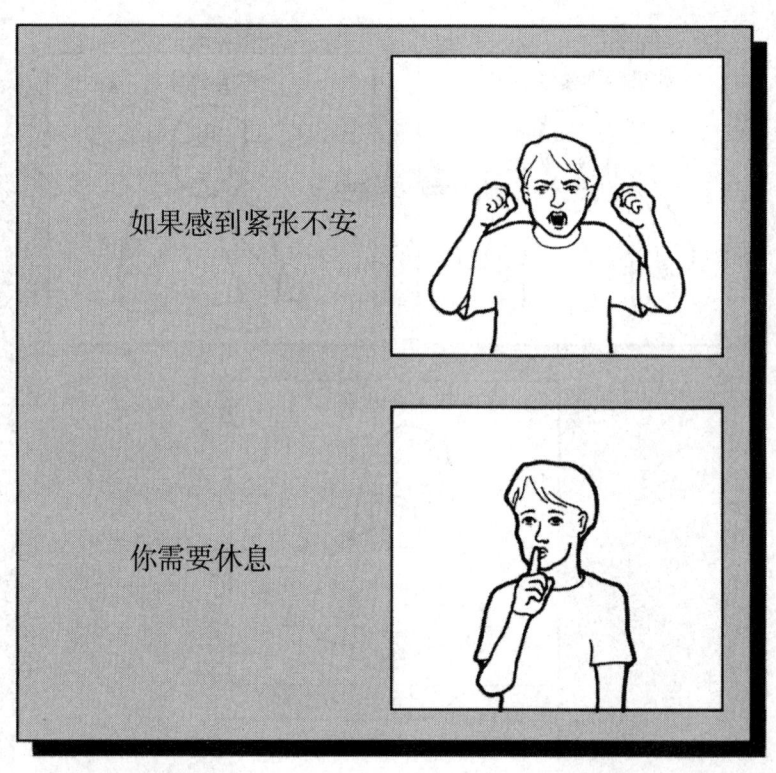
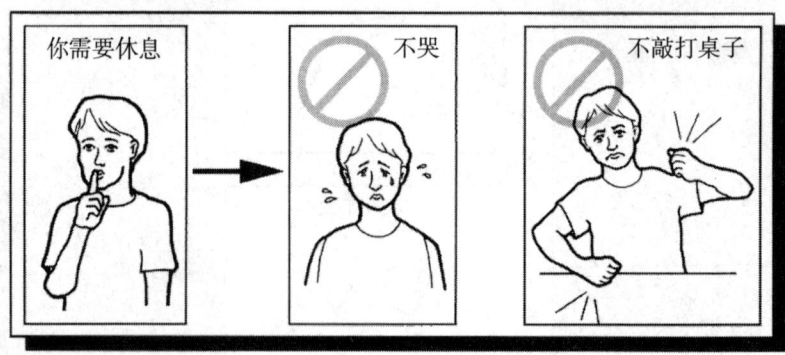

第十一章 辅助自我管理的工具

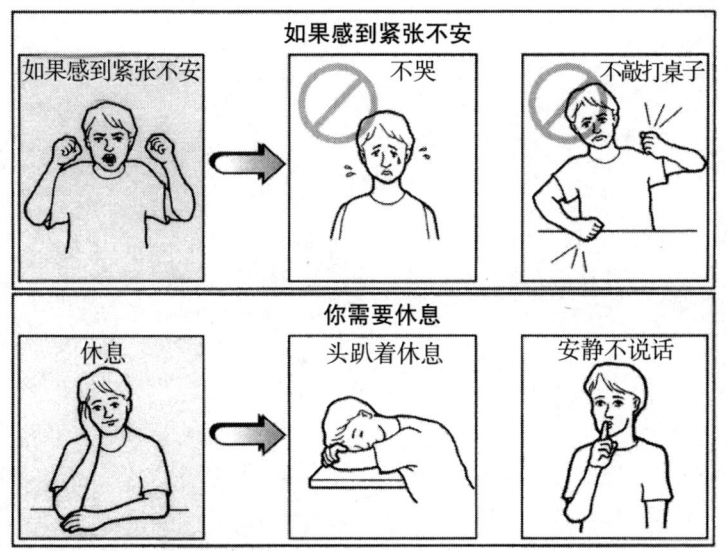

我们的长期目标是教会学生一些策略，帮助他们在困难的情境中正确地进行自我管理。所以，给他们提供一些规则和指导，让他们在有压力或感到紧张不安的情况下，可以表现出适合的行为。

重点：学生将从以下几点中受益：

· 能够监测和改变自己的行为。

· 学习常规和做选择，以应对有挑战的情境。

· 利用视觉工具，辅助独立技能的学习。

第五篇

运用视觉工具与支持

这种视觉方法对学生很有用，我猜我需要找一些图片。

别忘了！你的身体和实物是最容易取得的视觉支持。你的第二项资源是周遭环境中现有的事物。看一看周围，到处都是视觉工具。

除了这些资源，开发其他一些管理问题行为或可以给学生提供信息的视觉工具，也是必要的。越来越多的人了解了运用视觉支持的好处，一旦他们认可这种方法的价值，就要面临该怎么做的问题了。

《促进沟通技能的视觉策略》[1]涵盖大量如何制作视觉工具的信息。

---

[1] 编注：《促进沟通技能的视觉策略》(*Visual Strategies for Improving Communication: Practical Supports for School and Home*)作为《解决问题行为的视觉策略》的姊妹篇于2019年由华夏出版社出版。

第十二章
开发视觉工具

我应该使用哪种视觉工具？你如何在实物、照片、线条图、书面文字或其他不同的工具之间做选择？

这是常见的问题。有时候，当老师和小组成员试图形成一套制度并对他们所使用的方法和工具进行"标准化"时，观点上的分歧就会爆发。其实并没有固定的公式，什么是适当的方法，这因人而异。在教室里，可能出现各种不同的需求。需要考虑以下几个方面：

1. **运用学生能够快速且容易理解的方法**。这是决定使用哪种视觉形式最重要的准则。当学生不得不花时间试着理解某些事物的含义时，沟通的流畅性就被打断了。如果你要费很多时间教学生视觉工具的意思，就可能表示这工具太难了，需要简单一点的形式。当有疑问时，可以使用更简单或更具体的方式。记住！促进理解是目标。

2. **考虑学生的年龄和能力**。年龄较小和技能较差的学生普遍需要多一些图片或具体实物。你的首要目标是让学生参与。对他们而言，如果东西太难，他们将无法快速学习。当学生有了更多技能，他们将学习更多不同的视觉形式。最普遍的错误是一开始就太难，教学生不容易理解的图片形式。

3. **别忘了！实物比其他选择更为具体**。绘画可以从写实到抽象。越抽象的图画，学生就越难辨认或理解。学生喜爱的饼干包装图片，比手绘的普通饼干图案更具吸引力。

4. **不要害怕混合形式**。不必每件事都一样。不必所有的图片大小相同，或从同一套绘画软件中剪辑。事实上，混合让图片更容易被辨认。只要学生能够理解，沟通方法可以涵盖任何一种视觉支持。

   - 可以使用商店、食物、电视节目、录像带、快餐店的真实商标，和其他容易获取与理解的小区广告。
   - 用相机或数码相机，拍摄学生生活中的实物和人。
   - 对于一些比较抽象的，且不容易用真实图片或照片呈现的东西要保留抽象的图片。
   - 如果学生可以理解，使用书面文字既快速又便利。
   - 图片搭配文字是理想选择。

5. **什么有效就用什么**。注意学生的反应。如果他们无法快速且容易地理解，就再次评估你所使用的视觉形式。你可能需要不同的东西。当学生年龄越来越大时，他们就可以理解更多的差异与变化性。但这不表示你需要把东西弄得更难，而是有了更多的选择。把事情弄得太难，对学生没有好处。

6. **教一些可行的东西后，再教别的**。有些老师认为应该把相同的东西继续教得更抽象或更高级。但与其以更抽象的视觉方式一再反复教相同的技能，不如把时间拿来教学生新的沟通技能。

7. **使用全班可行的方法**。为全班学生设计视觉工具时，考虑使用每个人都能理解的表现方式。如果有些学生理解绘画，有些学生需要照片，那么以照片作为辅助全班的视觉工具，是每个人能理解的方式。使用照片不会阻碍能力较好的学生的发展。然后，当你为个别学生提供视觉支持时，可为那些能理解的学生加入更多的抽象艺术。

8. **使用便利的方法**。如果时间不够，就用现有的材料。要勇于创造！任何视觉支持都要优于完全没有视觉支持。

9. **让视觉工具简单却完备**。如果视觉工具需要解释，就表示这项工具太复杂了。使用工具前，先写下你说的话的脚本或词汇。工具应该是不解自明的，让每个人都可以轻易地理解。如果成人都理解不了，学生就更不可能会懂。

10. **让表达更流畅**。让你自己成为以视觉支持辅助沟通的伙伴。用动作、物品辅助表达。任何时候，只要告诉学生事情，都可以尝试以各种不同的视觉形式，利用任何你随手可得的东西，辅助你的表达。

11. **记住目标**。你的目标是成为更好的沟通伙伴。另一个目标是创设丰富的沟通环境。只要学生可以理解视觉支持所传达的意义，这些辅助的运用就可以促进沟通互动。

> 最大的争论之一是：对于能够阅读的学生，是否要使用图片？可以确定的是，使用文字比找图片容易。文字是很好的紧急工具，但大多数学生都是从图片的视觉支持中受益的。是的，他们可以阅读，但我们使用视觉工具的目标是快速且即时的分辨。大多数学生使用图片与文字混合的形式沟通，比纯粹文字的方式来得好。想想广告世界是如何与我们沟通的，他们知道我们可以马上理解他们的形象和标志。我们想要学生体验的就是这样的感觉。

> 人们犯的最大错误是使用学生不容易理解的视觉形式。当有疑问时，要简化。

> 别忘了！使用视觉支持的目的是促进理解和减少问题行为。对学生而言，学习太难理解的视觉工具无法对问题有所帮助，实际上还有可能让情况变得更糟。

▶ 如何使用视觉支持促进沟通？

想想下面的三个步骤：

> 别忘了，孤独症学生的视觉优势众所周知，他们也许可以辨别抽象图片，因为他们将之视为几何图案。命名这些图案与理解图片表达的意义非常不同，即使学生学会分辨或命名那些图案，他们可能无法真正了解图案所代表的意思。

> 将准备视觉工具的过程变成教学契机。学生可以从参与视觉工具的制作过程中获益。让他们帮助你决定使用哪张图片，或者某种工具表达了什么。学生参与得越多，就会越投入。这种方法不适用于所有学生，但对那些可以理解的学生却很有帮助。

1. 展示工具以吸引他们的注意力。
2. 用简单的语言告知。
3. 确保他们真的理解。

不要忘记教给学生视觉工具所传达的意思，即使学生具有较好的视觉信息理解优势。因为这并不意味着他们理解这些展示在面前的东西。解释那些工具实际所传达的意思，确保他们真的都懂了。

运用视觉支持时，最需要注意什么？

就是记得使用视觉支持。尽量用视觉支持辅助表达，成为视觉表达者。试下这项试验：以不开口说话的方式来教导你的班级一小段时间，假装你的喉咙发炎，你需要怎么做来与学生沟通？你可能很自然地变成了一位视觉表达者。学生会如何回应呢？他们可能很好地理解了你所传达的信息。这项试验表明，即使你使用口语沟通，你也应该用视觉支持辅助表达。

视觉工具为什么没效果？

视觉工具有时无法达到我们要的目的，主要原因是：
· 不是学生能理解的形式。
· 未涵盖正确的信息。
· 人们制作了视觉工具，但不使用。

第十三章
说明特别需求

为学生评估行为情境和提供沟通支持，需要了解学生的独特需求。学生的年龄、整体能力以及沟通能力，都是评估情境的重要因素。在这本书中讲到的技能和方法，适用于许多问题行为。

视觉策略总是可行吗？你已经为许多学生提出矫正行为的有用工具。这些方法是否适用于所有的学生？有行不通的情况吗？

对大多数学生来说，使用视觉策略可以有效地达到改变行为和辅助沟通的目的。尽管我们已经认定大多数有沟通障碍的学生是视觉学习者，但并非每位都是。不过，即使许多学生的主要优势不在视觉上，让视觉支持成为他们的沟通方法之一，对他们仍然有帮助。评估个别学生在哪一个领域最有能力很重要。认识学生的优势，可以帮助你运用这些优势制订方案。

扬长补短是普遍的教学方法。这种方法背后的逻辑是，运用可以让学生选择优势技能的教学和沟通策略，给他参与和成功的最佳机会。许多问题行为的发生是因为未给予学生运用和展现他们最佳能力的机会。

补救弱点是崇高的目标，学生可以通过学习提高较弱的技能。但一定要客观看待这个目标。注意以下几点：

- 补救弱点的活动不是学生优势教学的先决条件。利用学生优势，教给他们处理问题行为时所需的重要沟通技能，这才是主要目标。任何以提高弱势技能为目的的教学都应是对这一目标的补充。
- 别忘了，有问题行为的学生需要即时性的解决方法。确认教学目标的优先顺序后，你就可以花时间教给那些学生改变行为所必需的技能。许多补救的活动旨在教导整体性技能，期待在一段较长的时间后学生能够有所进步。但是当你处理即发性的问题行为时，这是不够的。
- 要认识到，学生的弱点可能会一直存在。在定义上，这些弱点就是障碍的一部分，可能永远无法补救或治愈。毋庸置疑，我们想要学生在所有领域都发挥其能力的最大极限。但是，排出先后顺序是很重要的，尤其是当我们正在处理非常重要的问题时。
- 不要忘记长期的计划。当学生年龄更大一点时，增强一些较弱的技能才更有可能实现。如果早期训练注重发挥学生的优势，学生将可能发展一定程度的沟通技能和适合的行为。这将支持他们在年龄更大的时候，能够更有效地学习其他的技能。

是否还有学生需要特别的考虑？

有的。有一些特别的学生群体，可能需要在计划或方法上做些调整。

非常年幼的孩子

教导有问题行为的年幼孩子是很具挑战性的，因为他们不太懂事。在比较了所有不同的视觉工具后，你会发现，大多数的视觉工具对于年幼的孩子来说太复杂了。对于最年幼的一群，最好的视觉工具是实物、你的手势以及肢体语言。在有了沟通互动后，你可以慢慢加入更多的选项。谨记，人们犯的最大错误是进展得太复杂、太快，他们呈现的东西太艰深，年幼的孩子无法理解。

认知能力受限的学生

低功能学生的学习比其他学生来得慢，他们出现的行为比较符合心智年龄而非实际年龄。考虑到这点，确定学生能否理解所使用的视觉工具很重要。手势、肢体语言及实物通常是最有效的视觉工具。即使较年长的学生也可能更理解较为简单又具体的视觉工具。依据他们缓慢的学习速度，逐渐引入新的视觉工具并教会他们这些工具所代表的意义，这一点非常重要。

年龄较大的学生和成人

视觉工具是生活辅助，没有必要逐渐减少或消除其使用。事实上，视觉工具也为成人自主生活提供了所需的支持。

年龄较大的学生仍可以学习使用视觉工具，即使他们之前未使用过。假若先前没有接触过视觉工具，记得要教给他们工具的含义。当引入视觉工具矫正行为时，要记下你所试图改变的那些行为已经出现多久了。学生的问题行为出现得越久，所需的改变时间就越长。对年幼学生有效的教学策略，年龄较大的学生也可能从中受益。

视觉障碍的学生

讨论孤独症学生的视觉策略时，得承认有些经诊断为孤独症的学生，也有视力受损或全盲的情况。给看不见的学生提供视觉工具是有问题的。通常需要确认哪种感官最有用，然后再根据学生的优势进行教导。当与那些学生相处时，应考虑下列事项：

1. 确定学生的视力程度。法定失明的学生可能仍有些许视力。他能看到什么？颜色、形状或一些细节？利用灯箱可看得更清楚吗？（把照片摆在灯箱上，有些学生可以看得更清楚。）
2. 相较于小型的图片或视觉工具，看看学生是如何对大图片或视觉工具做出解读的。
3. 比起图片，实物可能是更好的选择。
4. 将本书所讨论的基本原则，作为评估学生的行为和沟通的指南。切记本书鼓励使用多元的视觉形式辅助沟通。

多重障碍或不能确诊的学生

不论学生被贴上的诊断或教育标签是什么，确认他出现行为差异的原因，这一点仍很重要。应对问题行为的程序依然是界定行为，明确原因，寻找沟通成分，并将之作为解决之道的一部分。教育和诊断的标签只能是作为帮助我们更加了解学生的部分信息。找出与学生问题行为相关的具体的沟通障碍和需求，是积极改变的关键。

有极端行为的学生

有些极端行为的学生，不是经常行为过度，就是极端暴力、自虐或者存在某种特质，这种特质阻碍了他以适当的方式参与生活常规。这种情况需要强势的团队，问题行为出现的所有可能原因既需要个别对待，也需要放在一起，综合考虑。一般长久性的改变需要多方面的努力，因为这通常都是有多重原因的。处理这些极端个案时，干预策略很容易忽略学生的理解能力。针对这些学生的大部分方案都运用了大量的口语，但其实提供大量的视觉支持才应该是重要的方面。视觉工具为学生和执行管理策略的成人提供了支持。

重点：视觉策略为学生的沟通需求提供了支持，成功地改善了沟通并矫正了问题行为。要想使这种方法取得积极的效果，须记住：

- 我们如何准备视觉工具，将影响他们成功地实现目标。
- 将视觉支持融入我们自己的沟通互动中非常重要。
- 视觉方法需要满足学生的个别需求并适应他们的学习风格。

第六篇

问题与考虑

第十四章
当事与愿违时，怎么办？

尽管有所有的方案和策略，有些时候，学生仍会遇到困难。要记住他们也是人，经历好日子、坏日子、挑战、不舒服或计划外的状况都是正常的。

你曾感受过完全挫败的日子吗？你尽了最大的努力，却仍然无效？

开诚布公地说，无论我们做了多少计划，提供了多少结构化环境，我们都曾经历过那种想忘掉的日子。

你如何避免孩子发脾气或出现其他严重问题？

我们的首要目标是给学生提供所需的支持来避免问题出现。随着学生理解力的提高和可预期常规的掌握，他们将能更有效地参与到家庭和学校的事务中。加之，如果需要，他们还可以获得必要的医疗介入和感官调节，这样他们应对生活常规的能力就会得到巨大改善。我们需要做的是确保这几个要素都准备就绪。但尽管我们付出了所有心力，仍然会有些状况或日子不按常理出牌。

你如何处理发脾气或其他"失控"行为？

发脾气、攻击和其他升级行为的出现，有许多原因，包括：

- 这些行为被视为沟通形式。
- 学生试着得到他们想要的。
- 反对某事。
- 沟通中断的反应。
- 学生失控。
- 学生达到挫折或疲惫状态的顶点。
- 针对特定情境的模式或习得的行为。

当极端问题发生或危机爆发时，首要目标是让学生静下来。因为此时任何有效的沟通皆变得无效，必须等到学生稍微平静了以后再说。加上每位学生都如此不同，所以没有什么神奇法则。无论如何，都要谨记这一点！

▶ 冷静技能

1. 清楚地表达学生需要做什么

用视觉向学生传达需要做的，给不当行为一个缓冲或停止不当的行为。利用图片、动作或其他视觉工具向学生展示应该做什么。

- **试着让学生忙于表现出"中性的"行为**。中性行为旨在用来中止消极行为，帮助学生恢复控制。假如他忙着表现出中性行为，就不会去做不当的行为，或至少有些减缓。
- **或者，让学生清楚应该做什么**。当出现行为失控时，表明要求或发出指令，让学生专注于正在进行的活动，确保以视觉形式辅助你的表达。

当学生遇到大问题时，找出原因相当重要。理解为什么会这样是根本的解决之道。有时需要快速调查情境，形成一个暂时的假设，直到有机会得到所有的信息。同时，使用冷静技能来处理这种情境，以免人们受到伤害。一旦学生有些许稳定，你就有机会更仔细地评估情境，选择矫正方案。

切记，有时你永远不知道为什么。

中性行为旨在让学生去做一些积极的事情，以缓冲现有的困难，包括：

- 双手交叉
- 站立
- 就座
- 坐在安静的区域
- 离开房间
- 头趴在桌上
- 保持安静
- 拾起东西
- 握着物品
- 放开物品
- 放下东西

2. 少说话

使用很少的语言。发出简单的口语指令时，搭配视觉支持，然后保持安静。当看到学生有困难时，成人往往会说更多，给出更多解释或指导。假若学生已经失控，这些额外的口语轰炸可能会强化他的行为。对声音敏感的学生，可能在经受挫折时变得超级敏感。一般而言，有限的语言最行得通。但有些学生，在完全排除口语，单纯使用视觉形式沟通的情况下，会恢复得更好更快。

3. 把自己当作视觉工具

运用肢体语言、位置、手势及面部表情，以视觉形式向学生表明你期望他做的。

- **利用肢体促成某事**。让自己看起来好像在期待学生的反应。做好准备，伸出手，指向学生该做的，拿着目标物品，充满期待地等候。
- **利用肢体表明不该做什么**。推开在争论中的物品，用双手交叉、摇头或其他动作来表达意见。
- **利用肢体阻止事件发生**。让自己在适当的位置，预防问题产生。站在学生和物品之间、挡住出入口或坐在让学生保持在特别区域的位置，这些都是控制问题出现的方法。避免背对学生。

> 当学生有明显问题时，一定要将注意力集中在学生身上。千万不要背对着他们，这一点相当重要。否则你可能会公然地遭受他们的身体攻击。

4. 等待

一旦你表达了学生该做什么之后，就开始等待。当一切顺利进行时，这些学生会经常在沟通互动中需要些许"等待"的时间。在学生苦恼的时候，等待的时间需要增加。要有所期待地等待，继续给学生看他该做些什么。即使你没有说话，视觉支持也仍然可以维持沟通状态。

5. 要注意到视线接触

学生能够明显地意识到你或别人在注意他的行为。有时对他们投以关爱的眼神，将会使行为继续保持下去。假如关注是问题的原因，就试着改变，不看学生，避免视线接触，改变身体位置或与学生保持某些距离。这并不意味着你要彻底离开或停止关注学生，你必须保持视觉的警觉性及适当的安全距离。调整你的位置可能会对情况有所帮助，一定要有这个意识。

6. 减少听众

处于苦恼期时，学生原本不在意的同学或周遭的人的存在和关注会变得明显，很容易被学生意识到。有些学生离开社区便会表现良好，因为在原有的环境里他们会持续以不当的行为威胁他人，我行我素。尽你所能，支开强化不当行为的听众。

7. 避免身体受伤

不要让学生、照顾者或其他人受伤。当学生有困难时，人们很容易试着用肢体处理问题。在这么做时，得特别小心。用肢体辅助学生改变当时的情况，有时可以轻而易举地解决问题。一般情况下人们在干预时，会接近学生或用肢体动作来协助他们，例如：

- 移动学生。
- 协助学生完成某一动作。
- 将他从某一情境移开。
- 将他从某一位置移开。
- 移除引发问题的对象。
- 停止身体攻击。

你有时必须移开学生以避免受伤。有时候，肢体的辅助或引导是适当的。但在有些情况下，这么做可能不但没有必要，反而会将对抗逐渐升级。仔细观察发生了什么事，留意学生的个人空间。学生在极度困难时，需要的个人空间会更大，这一点都不奇怪。与其插进去，操控学生的肢体，不如退后，给他空间，让他定神，接下来，他才

> 面临未预期的伤害风险，需要立即采取行动，总会存在这样的情况。面对这样的情况，尽管预先计划得很好，但仍然需要有人能够依据最佳判断和知识储备，立即采取行动。幸运的是，这些情况并不常见。

能准备好，做要求他做的事情。

有些照顾者会不停地受伤，这在新手照顾者身上更是普遍。他们身上可能有被咬、抓、捏拧、用头猛撞等留下的"伤痕"。这是不该发生的事。假如经历了不止一次偶然或意外的伤害，就要赶快改变某些事情了，例如开会、拟订新计划。

肢体辅助或移动学生是学生干预计划的一部分，这种情况也是有的。那么，一定要注意：

- 处于苦恼期时，对接触敏感的学生可能更敏感。他们会以肢体抗议，避免被接触或被控制。

- 当有问题时，学生需要的个人空间会增加。如果你试图靠近他以提供肢体辅助，可能会强化他的行为。

- 太小的孩子还不明白，在存在问题行为风险的情境中，人们帮助他们控制身体是一种自然反应。抱住、拎起或将他们移到另一个场所是人们的本能反应。不过对学龄前儿童可行的方法可能并不适合年长的学生，要确保行为干预方案符合学生的发展程度。视觉工具常常很有效。

8. 提醒学生该做的事，然后等待

观察学生，再次表达你的要求，重复几次。用视觉支持提醒学生必须完成的事。不需要用口语表达，只要移动视觉工具或对象，或者再指认下就足够了。避免不停地以口头要求炮轰学生。

9. 学生冷静下来后，辅助他表现出适当的行为

为事件协商一个令人满意的结局。这是教导学生，用适当选择替代不当行为的时机。

- 帮助学生表达适合于当下情境的信息。
- 给他一个示意动作、视觉工具，或教他必须学的话。
- 提供选择。

- 将他引向另外一项活动。
- 引导他完成原来的活动。

10. 回顾，再评估，提高及重新组合
- 回顾事件：发生了什么事？为什么？
- 重新评估你的处理方式。
- 用不同的辅助或技能充实自己，为下次应对做好准备。
- 重整旗鼓，深呼吸一次（或十次），然后继续。

应该等多久？发脾气会持续多久？

每位学生都不一样。当你对某位学生不熟悉或没有处理过他的问题时，他的抗议好像没完没了。实际上，这些行为大多都有可预期的状况，即学生会走完"问题升级和趋缓"整个过程。这在我们所讨论的，学了常规就难以改变的学生身上，是可以被理解的。

在一些例子中，有些学生一旦开始发脾气，就需要走完全部的程序。仔细观察，然后你就知道当问题爆发时，可以怎么期待了。

这表示，当问题爆发时，你应该顺其自然吗？

有可能，这要视学生而定。当然，预防是首要目标。但一旦问题爆发，观察也成了目标之一。注意你做了什么实际恶化了学生的行为，找找看有哪些线索或策略能使学生冷静下来，或者减少事件持续的时间。冷静技能的目标是缩短学生的苦恼期。

有什么要小心的吗？

要小心你试图中止学生发脾气的做法。实际上，你可能创造了这个过程预期的某个部分，于是这个过程就要持续到完成你的部分才会结束。

范例： 每次妈妈带山米去杂货店，他就会发脾气。面对这样的困窘，妈妈会给他冰棒，让他冷静下来。山米开始期待每次去店里都有冰棒吃。如果妈妈不给他，他就会不停地发脾气直到得到冰棒为止。冰棒成为了结束发脾气的标志。

噢！很容易落入这样的窠臼，可以做些事缩短发脾气的时间吗？

我们的建议是利用视觉工具表示脾气结束。然后你可以逐渐提前将它引入发脾气的程序中。

范例： 假如学生发脾气时哭了，就在结束时递给他一张面巾纸擦脸。下次他再发脾气，就拿出面巾纸放在他的视线范围内，尝试提前将它引入发脾气的程序中。你或许能够发展一套程序，让学生看到面巾纸便停止哭泣。

把这些事件当作教育学生的好时机。当我们抓住这些瞬间来教授表达真实的需求时，学生可以以最快的速度学会这些技能。

有希望改变吗？行为可以表现更好吗？

当然可以！

1. 首要目标是，在问题爆发前就教学生可接受的其他选择。发现问题的原因，可以帮助我们事先预防。
2. 一旦学生出现问题，努力让他冷静下来。在爆发期教授技能可能不会有成效。
3. 在学生冷静下来后，利用这个机会教给他们技能。这些事件对家长和教育者也是个教育机会。学生如何回应你所做的事情，对此进行持续评估，你就可以发现什么最行得通。

小提醒： 如果学生大发脾气后确实得到了他想要的，那么他们就会记得这些奖励，很可能再度使用这样的沟通形式。要利用这些机会，教给他们更适合的技能。

实施这些步骤，可以帮助缓冲那些困难的偶发时刻。当学生出现严重的问题行为时，仔细分析行为的原因是很重要的。有了原因才能制订计划教学生适合的技能，为学生提供必要的干预或结构化环境，减少问题出现的机会。

作者备注：对学生进行肢体辅助和引导是一种常用的教学技能。针对问题行为的肢体约束却不同，它有着严格的规定。当然，家庭与教育工作者有不一样的选择。针对严重且持续出现的问题，要有专业人员制订行为计划，针对学生的需求，提供重要框架。

第十五章
行为管理失败的常见原因

即使家长和教育工作者真心想面对，但当他们在处理行为状况时，仍可能会有很多失败。好像问题超出了我们所能控制的范围。我们如此努力却仍张皇失措。这里详述一些原因。

1. 没有着眼于"大图像"

许多行为干预都专注在消除观察到的行为上，而没有彻底地评估问题行为出现的原因。界定原因对有效地解决问题相当重要。有一些不能立刻被发现的原因，可能与学生当前行为显著相关。考虑所有的变量才是最有效的解决之道。

2. 没有确定问题的真正原因

孤独症三大常见的影响因素经常相互交织，在学生问题行为的成因中占了很大的比例。无法有效理解、沟通表达困难以及知觉问题是常见的潜在原因。其他障碍类别的学生也会存在沟通表达困难。要想对问题行为做出完整、有效的评估，需要将这三方面因素纳入考虑范围。

3. 一次处理太多事情

如果学生在很多方面都有问题时，这可能会令人受不了。当成人试图同时干预太多事情时，成人和学生都会受到挫折。这就是为什么界定问题的原因会如此重要。改变原因往往可以同时解决好几个问题。

4. 花时间记录数据，却没有实际找出问题的解决之道

记录数据是评估学生方案"官方、正式且具体"的方式。数据可以提供有用的信息，如问题出现的频率，发脾气持续的时间等。当我们使用新的策略或方案时，数据可以帮助判断学生的行为是否改变。然而，要小心数据妨碍教学的情况。数据记录不是干预方案，它只是衡量情况的方法，用来帮助记录学生的表现及评估干预的成功与否。观察是另一条获得有价值信息的途径。

5. 把焦点放在消除问题行为上，而非教授技巧上

告诉学生什么不能做某些事情有时候是有用的，但也需要有人教导学生能做什么。他们经常使用不适当的行为，因为他们不知道还能做什么。减少或消除问题行为最有效的方法之一，是教会学生以更有效和适合的方式来满足自己的需要。

6. 假设学生理解

许多人认为问题行为的出现是因为学生无法好好表达。很少人能意识到，理解困难通常才是根源所在。

7. 没有教授功能性沟通技能

对于大部分的问题行为来说，沟通是问题的一部分，也是解决问题的必要条件之一。如果问题行为与学生的沟通需求相关，那么教授更有效的沟通技能便成为解决方法的主要部分。为了改变学生的行为，人们经常教授一些不相关或没用的言语和语言技能。

8. 向学生灌输太多语言、知觉或情绪

当学生有困难时，会引起大人做得更多、说得更多、更靠近学生或做出其他强化情境的反应。视觉策略却可以

让人冷静下来，因为它是在不给予过度刺激的前提下维持学生的注意。

9. 让整体过程太复杂

虽然意图是好的，但许多干预方案对家长或学校老师来说并非站在"使用者便利"的角度，对这些用户并不友好。这些方案作为论文呈现给大家时，会给人留下深刻印象，因为里面使用了许多花哨的术语、复杂的数据、表格。然而，一线的使用者其实并不了解该做什么。

10. 对问题行为的回应不一致

学生容易混淆。假若有些事情有时行得通，有时却不行，你将如何理解生活？有时我可以得到我要的，有时却会受阻。你会很沮丧，不是吗？成人处理学生问题行为的方式越不一致，实现行为的积极改变就会越困难。

11. 没有得到适量的协助

处理问题行为是一项复杂的工作，耗时费力。将自己作为情境的一部分进行评估，是很困难的。不同的人评估情境时会有不同的切入点。与他人合作将有助于你洞悉整体情况。

12. 没有界定成功

有一次，有位老师问道："我们是想让他们成为完美的人，还是想让他们成为普通的人？"她所指的是孤独症学生。她看到了所谓可接受行为的宽泛性，对普通学生的要求和对特殊学生的要求其实是不一样的。成功不等于要完美，适当的参与就是成功。

13. 忘了孩子是孩子

学生的表现起起伏伏，只因天性使然。要善于分辨，哪些行为是孩子的天性使然，哪些行为是真正的问题行为。

14. 忘了要玩得开心

处理问题行为是棘手的事情，很容易因为专注在问题行为上，而忘了美好时光。在一切上了轨道后，别忘了与学生开心地玩。

第十六章
常见问题

我想让孩子能说话。图片的使用会阻碍孩子的口语表达吗?

  这是那些不说话孩子的家长普遍关注的问题。切记，利用图片和其他视觉策略的主要目标是，帮助学生更好地理解。这是口语和非口语学生的共同目标。视觉策略可以帮助学生减少问题行为。这样，当学生挫折感减少时，他们就能更好地准备学习口语或其他形式的沟通。

使用视觉支持，有年龄限制吗?

  活到老，视觉支持使用到老。主要差别在于，年长的学生和成人缺失了几年理解和使用视觉支持的训练。因此，你有必要让他们从头开始，不要想当然地认为他们能理解。同时，记住你企图改变的是学生已经存在多年的行为模式，这必然需要花费大量时间。与其试着改变存在多年的行为模式，不如完全改变，教导全新的常规，这往往更为可行。视觉支持可以促成此事。

你建议学生利用视觉工具做每件事吗？

有无数的方式，可以利用视觉工具来辅助学生。然而，重要的是给学生提供适当的帮助。首先，考虑利用视觉支持，为学生的生活提供结构化环境。如果学生在某些生活常规上已经做得很好了，就不要再多此一举了。然后，把视觉支持用在学生有困难的领域，试着把这些有困惑或困难的生活领域当作目标。

难道视觉支持的使用不会让我的孩子很受限吗？

问题行为会让他更为受限，他将无法自在地参与家庭和学校环境。牢记我们都在使用视觉辅助沟通，并从中获益。

我给孩子用的是其他的行为干预方案，如何将视觉支持纳入进来？可以两者兼具吗？

我们使用视觉策略的目的是，改善沟通。无论使用何种行为干预方案，沟通都应该是重要因素。利用视觉策略改善沟通的技能对任何设计良好的行为干预方案都能起到辅助的作用。记住，沟通障碍是许多问题行为的根源。有时在视觉工具为学生提供足够的沟通支持后，其他行为干预方案就不再是必要的。

利用视觉策略可以治愈我的孩子吗？

视觉工具并不能治愈孩子的障碍，它只是为许多学生提供需要的辅助，使他们在生活中更有效地行使功能。视觉策略不是神奇的药方。即使利用视觉策略可以取得很好的成效，也无法弥补不良方案、不适当的课程或不当的行为管理措施带来的后果。

学生需要使用视觉支持多久？我何时可以移除视觉工具？我如何避免孩子依赖视觉工具？

你会用日历或日志安排行程吗？你在使用时想要在生活中摆脱这些东西吗？当然没有！他们为你的生活提供了帮助，辅助你记忆和安排日常活动。

衡量视觉工具给学生提供的这些功能。有些学生需要大量持续的辅助，而有些学生在一般的情况下可能不需要视觉支持，但在"糟糕的日子"或特定情境中需要这些结构化辅助。随着学生行为的改变，视觉支持的需求也可能跟着改变。

把视觉策略辅助沟通看作生活技能。别忘了学生为何能从视觉辅助沟通中获益。视觉支持的使用是由学生特殊的学习类型决定的。学习类型是学生的一部分。随着孩子渐渐长大和变得成熟，他们的需要可能会发生改变。然而，他们很可能此生都要从视觉信息及辅助中获益。随着时间的推移，视觉支持的外观与内容可能会有所改变，但使用价值依然存在。

第七篇

结　论

第十七章
教养与教导成功的学生

如何处理孤独症和其他沟通障碍学生的问题行为一直备受争议。目前所使用的技能和方法也各不相同，效果也参差不齐。本书并不能回答所有问题，也不能彻底终止这样的争议。这里所做的也只是为解决这些困惑提供一个思路。

医学界一直在不断地发掘一些信息，希望可以辨别病因，探索有矫正学生行为潜力的、可能的治疗方法。虽然在生物学和神经学研究中不断地有所发现，但特殊教育依然是积极改变学生行为的显著因素。可惜的是，即使是教育途径，也有跟跄的时候。

行为—沟通—视觉策略的连接是关键。所谓的"行为管理"或"纪律训练"，通常是认为学生"坏"，需要学习服从。这种服从心态可以形成纪律，却无法为学生的问题找出长期有效的解决之道。

问题行为经常与沟通障碍直接相关，认清这点很重要。有关问题行为成因的调查显示，学生经常在理解和表达上存在困难。随着我们对这些学生学习方式研究的深入，沟通在行为中所起的重要作用就越发突显。我们对学生理解方式了解得越多，就越能成为更好的沟通伙伴。学生与他人沟通越有技巧，就越能适当、有效地参与日常活动。视觉策略可以同时实现这两方面的目标。

成功来自教导。"控制学生的行为"（而不是发现原因）的态度会导致事情一再地发生。当我们试图控制行为时，学生可能会放弃某一种不适当行为，却衍生出第二种或更多其他的行为。生活就像打地鼠，当你击打其中的一个时，其他两个或更多的就冒出来了。相较之下，"教学在于改善沟通"这样的态度，可以引发无数的机会。许多研究表明，这个群体需要一定强度的干预。而强度则来自抓住的瞬间，切实地教给学生在真实生活环境中所需的技能。每一次的互动和需求都能产生更多的教学机会，把行为事件视为教育的好机会，会带来全然不同的态度。

我们应将视觉作为这些学生中大多数人的主要语言形式。一旦明确了他们的优势，我们的教育必须尽量根据他们如何学习和理解来调整。身为沟通伙伴，我们需要用他们的语言沟通。

问题行为会依然存在。学生不可能矫正到完全没有困难的程度。成长、学习、犯错和冲突是人类发展的自然过程。但当沟通环境中有所支持时，困难的强度和频率是可以被降低的。

我们当前的目的是避免学生出现妨碍成功参与家庭和学校活动的问题行为，目标是致力于让学生积极参与生活常规，而长期的愿望是帮助学生达到生活自主的程度，发展一些令人满意的人际关系，达到成功的境地。总之，当学生学到更好的技能时，他们就会有进步。视觉策略提供了一套有价值的沟通辅助方法，让一切得以成真。

参考资料

Attwood, T. (1998). *Asperger's syndrome: A guide for parents and professionals.* London: Jessica Kingsley Publishers.

Bondy, A. & Frost, L. (1994). The picture exchange communication system. *Focus on Autistic Behavior.* 9 (3), 1-19.

Carr, E. (1985). Behavioral approaches to communication in autism. In E. Schopler & G Mesibov (Eds.), *Communication problems in autism.* New York: Plenum Press.

Cohen, D. & Volkmar, F. (Eds.) (1997). *Handbook of autism and pervasive developmental disorders.* New York: John Wiley and Sons.

Courchene, E. (1991). A new model of brain and behavior development in infantile autism. *Autism Society of America Conference Proceedings.* Indianapolis, IN: ASA.

Dalrymple, N. (1992). *Helpful responses to some of the behaviors of individuals with autism.* Bloomington, IN: Indiana Resource Center for Autism.

Frost, L. and Bondy, A. (1996). *The Picture Exchange Communication System.* Pyramid Educational Consultants.

Fouse, E. & Wheeler, M. (1997). *A treasure chest of behavioral strategies for individuals with autism.* Arlington, TX: Future Horizons.

Gajewski, N., et.al. (1993). *Social star -general interaction skills.* Eau Claire, WI: Thinking Publications.

Goldstein, A. & McGinnis, E. (1997). *Skillstreaming the adolescent.* Champaign, IL: Research Press.

Grandin, T. (1990). *Needs of high functioning teenagers and adults with autism. Focus on Autistic Behavior,* 5(1), 1-16.

Grandin, T. (1991). Autistic perceptions of the world. *Autism Society of America Conference Proceedings.* Indianapolis, IN: ASA.

Grandin, T. (1995). *Thinking in pictures and other reports from my life with autism.* New York: Doubleday.

Gray, C. (1994) *Comic strip conversations.* Arlington, TX: Future Horizons.

Gray, C. (1994). *The new social stories.* Arlington, TX: Future Horizons.

Gray, C. (1993). *Taming the recess jungle.* Arlington, TX: Future Horizons.

Gray, C.A. and Garand, J. D. (1993). Social stories: Improving responses of students with autism with accurate social information. *Focus on Autistic Behavior,* 8(1), 1-10.

Grofer, L. (1990). Helping the child with autism to understand transitions. *The Advocate*, 21(4).

Hodgdon, L. (1991). Solving behavior problems through better communication strategies. *Autism Society of America Conference Proceedings*. Indianapolis, IN: ASA.

Hodgdon, L. (1995). Solving social - behavioral problems through the use of visually supported communication. In K. Quill (Ed.), *Teaching children with autism*. Albany: Delmar Publishing Co.

Hodgdon, L. (1999). *Ten tried and true tools to turn trials into teamwork: Visual tools to enlist cooperation*. Troy: QuirkRoberts Publishing.

Hodgdon, L. (1996). Three favorite techniques to improve communication and avoid frustrations. *The Morning News*, 2, 9-10.

Hodgdon, L. A. (1995) *Visual strategies for improving communication Vol. 1: Practical supports for school and home*. Troy: QuirkRoberts Publishing.

Hodgdon, L. A. (1998). Ten keys to becoming a better communicator. *The Morning News*. 10(3), 8-11.

Hodgdon, L. (1997). *Visual strategies for improving communication*. Advocate, 29(5) 18-19.

La Vigna, G. (1997). Communication training in mute autistic adolescents using the written word. *Journal of Autism and Childhood Schizophrenia*, 7, 135-149.

La Vigna, G. & Donnellan, A. (1986). *Alternatives to punishment: Solving behavior problems with non-aversive strategies*. New York: Irvington.

Mack, A., & Warr-Leeper. (1992). Language abilities in boys with chronic behavior disorders. *Language, speech, and Hearing Services in Schools*. 23, 214-223.

McClannahan, L. & Krantz, P. (1999). *Activity schedules for children with autism teaching independent behavior*. Princeton, NJ: Woodbine House.

McGinnis, E. & Goldstein, A. (1990). *Skillstreaming in early childhood*. Research Press.

McGinnis, E. & Goldstein, A. (1997). *Skillstreaming the elementary school child*. Research Press.

Mehrabian, A. (1972). *Nonverbal communication*. Chicago: Adline Publishing Co.

Mirenda, P., & Santogrossi, J. (1995). A prompt-free strategy to teach pictorial communication system use. *Augmentative and Alternative Communication*. 1, 143-150.

Mirenda, P. & Schuler, A. (1988). Augmenting communication for persons with autism: Issues and strategies. *Topics in Language Disorders*. 9(1), 24-43.

Orelove, F. P. (1982). Developing daily schedules for classrooms of severely handicapped students. *Education and Treatment of Children*, 5, 59-68.

Pierce, K., & Schreibman, L. (1994). Teaching daily living skills to children with autism in unsupervised settings through pictorial self-management. *Journal of Applied Behavior Analysis*, 27, 471-481.

Prizant, B. (1983). Language and communication in autism: Toward an understanding of the "whole" of it. *Journal of Speech and Hearing Disorders.* 48, 296-307.

Prizant, B. & Schuler, A. (1987). Facilitating communication: Theoretical foundations. In Cohen, D. & Donnellan, A. (Eds.) *Handbook of Autism and Pervasive Developmental Disorders.* New York: John Wiley and Sons.

Prizant, B, et.al. (1997). Enhancing language and communication development: Language approaches. In D. Cohen and F. Volkmar (Eds.) *Handbook of Autism and Pervasive Developmental Disorders.* 2nd Edition. New York: John Wiley and Sons.

Quill, K. (Ed.) (1995). *Teaching children with autism: Strategies to enhance communication and socialization.* Albany, NY: Delmar Publishing Co.

Rotholz, D., & Berkowitz, S. (1989). Functionality of two modes of communication in the community by students with developmental disabilities: A comparison of signing and communication books. *Journal of the Association for Persons with Severe Handicaps,* 14, 227-233.

Skjeldal, O., et.al. (1998). Childhood autism: the need for physical investigations. *Brain & Development* 20, 227-233.

Ulliana, L., & Mitchell, R. (1996). *Functional assessment comprehension skills.* New South Wales, Australia: The Autistic Association of New South Wales.

Vaughn, B. & Horner, R. (1995). Effects of concrete versus verbal choice systems on problem behavior. *AAC Augmentative and Alternative Communication* 11, 89-93.

Yarnall, Polly. (1997). Behavior intervention: What's missing? *Autism Society of America Conference Proceedings Insert,.* Milwaukee, WI: ASA.